Hermann Große-Jäger
Freude an Musik gewinnen

W0034563

Hermann Große-Jäger

Freude an Musik gewinnen

Erprobte Wege der Musikerziehung
im Kindergarten

Herder Freiburg · Basel · Wien

Im Buch verwendete Zeichen:

△ = eine oder mehrere Triangeln

▭ = Holzblocktrommeln

⌐\ = Beckenschlag

☺ = Blasgeräusche mit dem Mund

Gedruckt auf umweltfreundlichem,
chlorfrei gebleichtem Papier

12. Auflage

Zu diesem Buch kann eine Tonkassette geliefert werden
(Bestell-Nr. 20024), auf der alle im Buch enthaltenen Musikbeispiele eingespielt sind.
Im Buch wird durch das Zeichen ⟨○ ○⟩ auf die Kassette ver-
wiesen. Die Zahl gibt die Nummer des Beispiels auf der Kassette an.

Einbandfoto: Arnold Brunner, Horben
Die Fotos aus dem Orff-Schulwerk stellte uns die
Instrumentenfirma Studio 49 in Gräfelfing zur Verfügung.
Die Situationsfotos stammen vom Verfasser.

Alle Rechte vorbehalten – Printed in Germany
© Verlag Herder Freiburg im Breisgau 1983
Herstellung: Freiburger Graphische Betriebe 1996
ISBN 3-451-19326-4

Vorwort

Dieses Buch will mit Musik und mit musikpädagogischen Prozessen im Kindergarten bekanntmachen. Es ist ein Versuch, weil diese Prozesse nur unvollkommen über das geschriebene und gelesene Wort vermittelt werden können. Musik muß man hören und machen! Musikerzieherisches Handeln kann nur im Zusammenhang mit erklingender Musik vermittelt werden. Statt Ihnen mit Hilfe eines Buches zu beschreiben, wie im Kindergarten Lieder und Klanggeschichten gestaltet, Instrumente gespielt, Musikstücke gehört werden können, müßte ich mit Ihnen selbst singen, Geschichten verklanglichen, Instrumente spielen, Musik hören, müßten wir uns nach Musik bewegen. Da das nicht möglich ist, lege ich schriftlich dar, was *getan* werden muß.

Was Sie also auf den folgenden Seiten lesen, möchte Sie zum Hören und zum Machen von Musik auffordern. Viele Erzieherinnen und Erzieher können selbst ein Instrument spielen. Die Musikbeispiele, die im Buchtext beschrieben und in Noten aufgezeichnet sind, sollen Sie anregen zu Musik und Spiel. Für weniger Geübte oder diejenigen, die nicht selbst die Beispiele instrumental umsetzen können, kann eine ebenfalls angebotene Tonkassette (Bestell-Nr. 20024) dabei behilflich sein. Alle im Buch enthaltenen Musikbeispiele sind auf der Kassette zu hören. Das Zeichen am Textrand weist darauf hin.

Das Buch legt kein in sich geschlossenes Konzept der Musikerziehung im Kindergarten dar. Das wäre in der gegenwärtigen Situation gar nicht möglich. Vielmehr werden erprobte Wege auf verschiedenen Inhaltsfeldern früher Musikerziehung beschrieben, die durch die Kapitelüberschriften bezeichnet sind.

Die Beschreibung der Vermittlung und Gestaltung von Liedern (Kapitel 1) nimmt den größten Raum ein. Das bedeutet nicht, daß instrumentale Klanggestaltungen (Kapitel 2), Musikerziehung durch Bewegung (Kapitel 3) und Musikhören (Kapitel 4) im Kindergarten weniger wichtig wären. Die Trennung der Inhalte der Musikerziehung nach Kapiteln möge auch nicht zu dem Mißverständnis führen, als ob sie in der Praxis hintereinander behandelt werden sollten. Vielmehr ergänzen sie einander.

Ich möchte Sie auffordern, dort zu beginnen, wo Sie sich bei der Umsetzung in die Praxis Ihrer Kindergartengruppe am wohlsten und am sichersten fühlen. Es ist mein Wunsch, daß dabei nicht nur die Kinder, sondern auch Sie selbst immer neu Freude an und durch Musik gewinnen.

Hermann Große-Jäger

Inhalt

Kapitel 3: Musikerziehung durch Bewegung

Kapitel 4: Hörerziehung im Kindergarten

Lieder im Kindergarten

1. Zur Auswahl von Kinderliedern

Lieder gehören zum Bildungsgut des Kindergartens, seit es ihn gibt. Daß man mit Kindern singen soll, war und ist eine allgemeine pädagogische Meinung und Forderung. Aber, *welche* Lieder soll man singen? Kinderliederbücher bieten eine unübersehbare Zahl an. Die Nähe ihrer Texte zum kindlichen Erfahrungs- und Verstehenshorizont ist sehr unterschiedlich. Ebenso verschieden ist die Qualität der angebotenen Melodien. Die Gründe, die – wenn überhaupt – zur Auswahl von Kinderliedern angeführt werden, beziehen sich zumeist auf die *Inhalte* der Lieder – also auf ihren Text –, selten auf die *Melodien*.

Was kann für oder gegen ein Kinderlied sprechen? Was ist für Sie bestimmend, wenn Sie ein Lied im Kindergarten singen? Wir wollen einige Liedtypen vergleichen, um einer Antwort näher zu kommen.

● *Ringel, Ringel, Reihe, sind der Kinder dreie / Heile, heile, Segen, morgen gibt es Regen / Hoppe, hoppe, Reiter / Will ich in mein Gärtlein gehn ..., steht ein bucklicht Männlein da.*
Lieder dieses Typs stammen aus archaischen Epochen der europäischen Menschheitsgeschichte. Ihre knappen Texte sprechen – für viele heute unverständlich – vom menschlichen Schicksal, manchmal auch doppelsinnig, z. B.: Ist ein Mann in'n Brunn' gefallen ... Wär er nicht hineingefallen, wär er nicht ertrunken.

● *Häschen in der Grube saß und schlief. Armes Häschen, bist du krank? / Ei, ei, ei, ihr Hühnerchen, was habt ihr denn getan? / Die Vögel wollten Hochzeit machen.*
In Liedern dieser Art werden Tiere personifiziert. Sie sprechen, fühlen und handeln wie Menschen. Kinder, die solche Lieder singen, werden in eine Lebenssituation der personifizierten Tiere und damit nicht selten in eine menschliche Situation versetzt. – Manchmal bekommen solche Lieder auch einen dezent belehrenden Ton. Einige Beispiele: Summ, summ, summ, Bienchen, summ herum. Ei, wir tun dir nichts zuleide (!) / Der Kuckuck und der Esel, die hatten

einen Streit / Alle Vögel sind schon da (Was sie uns verkünden nun, nehmen wir zu Herzen).

● *Liebe, liebe Sonne, komm ein bißchen runter / Regen, Regentröpfchen, fall mir auf mein Köpfchen / Es war eine Mutter, die hatte vier Kinder, den Frühling, den Sommer, den Herbst und den Winter.*
Durch Lieder wie diese werden Naturereignisse magisch-mythisch gedeutet.

● *Wer will fleißige Handwerker sehn? / Was machen denn die Maurer, saget an / Zeigt her eure Füße, zeigt her eure Schuh / Wir wollen zum guten Meister gehn und seine fleißige Arbeit sehn.*
Seit der zweiten Hälfte des 19. Jahrhunderts macht und gebraucht man gern solche Kinderlieder, die elementare handwerkliche Tätigkeiten beschreiben, welche nachgeahmt werden können. Im 20. Jahrhundert bekommt dieser Kinderliedtyp neue Versionen, z. B. in Gesängen vom Verkehrsschutzmann.

● Seit den 70er Jahren entstehen Lieder für Kinder mit einer betont sozialkritischen Aussagespitze. Beispiele: *Der Baggerführer Willibald (Dem Boß gehört das Haus, gehört der Bagger. So'n Mist.) / Wir sind Kinder einer Erde, die genug für alle hat (Doch zu viele haben Hunger. Doch es sind nicht alle frei).* Häufig verbindet sich damit die Forderung nach Selbstverwirklichung: *Sei nicht dumm, frag warum; denn wer fragt, der bleibt nicht dumm.*

Vermutlich fallen Ihnen jetzt Lieder ein, die Sie den genannten Typen zuordnen können. Die keineswegs vollständige Aufzählung mag genügen, um die Verschiedenartigkeit der Kinderlieder, die uns zur Verfügung stehen, aufzuweisen. Wenn Sie selbst unter ihnen auswählen und dabei auch einmal die Auswahl Ihrer Kolleginnen und Lehrer(innen) beobachten und sich fragen, warum so und nicht anders, dann werden Sie feststellen, daß die Argumente sich in der Regel auf pädagogische Grundauffassungen der betreffenden Personen zurückführen lassen. Welche Lieder ein Mensch mit Kindern singt, das ist abhängig von seiner Welt- und Lebensauffassung. Kinderlieder werden ja nicht *von* Kindern erfunden, sondern *für* Kinder gemacht. Dabei fließen pädagogische Absichten der Erwachsenen und die in der jeweiligen Epoche vorherrschenden Auffassungen vom Kind und vom Kindsein in die Text- und manchmal auch in die Melodiegestaltung ein. Kinderlieder sind immer geprägt vom pädagogischen Bewußtsein und dem erzieherischen Wollen der Erwachsenen. Das ist bei der Auswahl von Liedern für Kinder zu bedenken. Die heutigen, zum Teil heterogenen pädagogischen Grundüberzeugungen finden sich in der Vielzahl und in den unterschiedlichen, auch einander widersprechenden Angeboten an Kinderliedern wieder.

Wie kann man in einer solchen Situation zu einer begründeten Liedauswahl kommen?

Liedvorschläge für den Kindergarten müssen heute verschiedenen Kriterien folgen. Man kann sich bei der Liedauswahl nach den Wünschen und Erwartungen der Eltern, der sogenannten Öffentlichkeit (die sich – wenn überhaupt – als „Gemeinde" oder „Träger" artikuliert) und/oder der weiterführenden Grundschule richten. Dann ist zu beachten, daß die Erwartungen der Eltern und der „Öffentlichkeit" von Vorstellungen geleitet werden, die meistens einfach tradiert oder durch Medien (einschließlich „moderner" Kinderbücher) beeinflußt sind. Hier ist das Gespräch mit Eltern und Kollegen über eine begründete Liedauswahl vonnöten. Sehr bald wird man nicht nur über Lieder, sondern über pädagogische Grundüberzeugungen sprechen.

Für manche Erzieherin ist die eigene Kenntnis von Liedern das ausschlaggebende Auswahlkriterium. Man sollte diesen Gesichtspunkt nicht übersehen oder geringschätzen. Die Wertschätzung dessen, was einer vermittelt, spielt für die emotionale Qualität gerade des Singens eine wichtige Rolle. Ist jedoch die Vorliebe des Erwachsenen der einzige Gesichtspunkt für die unreflektierte Auswahl von Kinderliedern, dann wird diese einseitig. Er wird vor allem jene Lieder singen, die ihm aus seiner eigenen Kindheit bekannt sind oder die er gelegentlich als „kindgemäß" kennenlernte. In vielen Bereichen der Erziehung – z. B. der religiösen Erziehung, der Sexualerziehung, der Spracherziehung – haben sich die Leitideen der Bildung in dem kurzen Zeitraum einer Menschengeneration z. T. erheblich differenziert. Das gilt auch für die Musikerziehung durch Lieder. Darum kann man sich im Kindergarten nicht damit begnügen, einfach die Lieder weiterzugeben, „die ich als Kind gelernt habe".

Damit berühren wir ein drittes Auswahlkriterium, nämlich die Frage: Welche Lieder gehören zum Bildungs- und Kulturgut? Durch Liedsingen kann ein Kind in die Kultur seiner Umwelt hineinwachsen. Kultur bezeichnet Formen der Lebensgestaltungen; sie spiegeln Lebensanschauungen wider. Das Hineinwachsen in eine so verstandene Kultur kann dem Kind Orientierungshilfe und ein Moment seelischer Stabilisierung sein. Diese Funktionen haben Lieder für Heranwachsende immer gehabt, solange man in der Geschichte der

Menschheit mit ihnen singt. Welche Lieder im angesproche-
nen Sinn heute für Kinder Kultur- und damit Bildungsgut
werden können, das hängt nicht mehr wie früher von ihrem
geographischen Lebensraum ab. Die Auswahlfrage heißt
heute weder: Sind die Lieder neu oder alt?, noch: Stammen
sie aus unserem Kulturraum oder aus einem anderen Land
der Erde? Die Kernfragen zur Auswahl von Kinderliedern
sind:

▸ Welchen Aspekt menschlichen Lebens können Kinder
  durch das Lied erleben? (inhaltlicher Gesichtspunkt)
  Ist die Melodie dem Lebensgefühl der im Lied erlebten
  Lebenssituation angemessen? (musikalischer Gesichtspunkt)

Weil aber Spielen das kindliche Grundverhalten ist, deshalb
heißt das dritte Auswahlkriterium:

▸ Welche Lieder lassen sich im Spiel so gestalten, daß ein
  Aspekt von „Welt" erfahren wird und zugleich möglichst
  vielseitige musikalische Fähigkeiten lustbetont gefördert
  werden?

Im Kindergarten werden Lieder nicht ihrer selbst wegen gesungen, sondern weil man sie spielerisch gestalten und dadurch allgemeine wie musikalische Verhaltensweisen und
Fähigkeiten wecken und fördern kann. Darum verbinden wir
mit den Liedern rhythmische Übungen durch Sprechen und
Instrumentalspiel, Bewegungen im Raum, szenische und
pantomimische Darstellungen, Malen, Bilder und Bilderbü-
cher.

Die folgenden Vorschläge wurden in der Kindergartenpraxis er-
probt. Jeder Liedvorschlag wird in derselben Reihenfolge beschrieben. Im **Abschnitt A** (Zum Lied) wird auf Aspekte des Textes und
der Melodie aufmerksam gemacht, die für die Liedvermittlung und
-gestaltung bestimmend sind. Dazu wird das Lied mit Notenbild
und Text vorgestellt. Der Leser kann die Kassette als Hör- und
Lernhilfe hinzuziehen. Auf die Beschreibung einer ins einzelne ge-
henden Analyse des Textes und der Melodie jedes Liedes wird jedoch verzichtet, wiewohl sie der musikdidaktischen Planung
vorausgegangen ist. Der musikkundige Leser wird sie unschwer
zwischen den Zeilen erkennen; die anderen Leser sollten mit mu-
siktheoretischen und -analytischen Darlegungen hier nicht belastet
werden. Mit anderen Worten: Hier wird nicht erörtert, aufgrund welcher musikdidaktischer Analysen man zu den vorgelegten Planun-
gen und Wegen gekommen ist. Das bleibt Veröffentlichungen an

anderer Stelle vorbehalten. Gelegentlich wird durch die Vorbemer-
kungen das Lied zu allgemeinen Auffassungen, Theorien und auch
Trends der Pädagogik im Elementarbereich in Bezug gesetzt. Der
Abschnitt A möge dienlich sein, den Erzieher zunächst selbst mit
dem Lied vertraut zu machen, denn das ist die wichtigste Voraussetzung für seine lebendige Vermittlung an Kinder. – Der **Abschnitt
B** beschreibt Stufen der Liedvermittlung. Es wird erwartet, daß der
Leser sie nicht sklavisch verfolgt und wörtlich nachmacht. Sie sind
als Hilfen und Anregungen gedacht, die auf die Kindergartengrup-
pensituation und die individuellen Fähigkeiten des Erziehers übertragen werden sollen. – Schließlich ist jeder Liedvermittlung ein
musikdidaktischer Kommentar angefügt **(Abschnitt C),** der auf be-
merkenswerte musikerzieherische Schwerpunkte des jeweiligen
Vorgehens aufmerksam macht. Die musikdidaktischen Kommentare sind mit den römischen Ziffern von I bis XXII durchgezählt.
Manchmal wird auf Parallelen hingewiesen. Am Schluß des Kapitels
fassen wir die Kerngedanken der Kommentare in einer Zusammenschau zusammen und gewinnen auf solche Weise einige Prinzipien
der Musikerziehung im Kindergarten.

2. Das Lied von den sieben kleinen Bären

A. Zum Lied

Stellen Sie sich vor, wie Sie die folgende Tiergeschichte in Ihrer Kindergartengruppe spielen würden.

*Ein Bach, der durch einen Wald fließt, führt heute Hochwasser. Die
ganze Nacht hindurch hat es geregnet, und nun ist das Bachbett
viel breiter als sonst. Bei einer Pappel am Bach hocken sieben
kleine Katzen beieinander. Gestern noch konnten sie mit einem
Satz über den Bach springen. Heute geht das nicht. Sie jammern:
„Ach, wären wir drüben, miau, miau, miau!" Da tappen sieben kleine
Bären heran. Sie merken, daß die kleinen Katzen gern auf die andere Seite möchten, es aber allein nicht schaffen. Da nehmen die
sieben kleinen Bären die sieben kleinen Katzen auf ihren Rücken
und sagen: „Wir sind stark, es wird schon glücken." Vor Angst machen die Kätzchen die Augen fest zu. Die Bären aber schaffen es;
sie bringen die kleinen Katzen sicher an das andere Ufer. „Wir danken schön!" sagen die Kätzchen. „Es ist gern geschehen" brum-
men die Bären. Sie werfen sich in die Brust und sagen: „Ja, wenn
wir nicht wären!"*

Wahrscheinlich würden Sie zum Spiel dieser Tiergeschichte ein Band durch den Gruppenraum schlängeln, das den Bach darstellt. Sieben Kinder spielen die Katzen, sieben andere die Bären. Vielleicht basteln Sie auch vorher Attribute, an denen man die Tiere erkennt, z. B. Barthaare für die Katzenspieler. Die übrigen Gruppenmitglieder verteilen sich auf beide Seiten des „Baches", recken ihre Arme hoch und stellen durch das Wiegen des Körpers die Bäume des Waldes dar. Die „Bären" werden die „Katzen" nicht auf den Rücken nehmen können, sondern sie behutsam über den „Bach" geleiten. Danach beginnt das Spiel mit einer anderen Rollenverteilung von vorn.

Dieses *Spiel*, welches die kindliche Phantasie anregt und den Kindern ermöglicht, sich wie die personifizierten Tiere zu fühlen – nämlich ängstlich wie die Katzen und befriedigt über eine gute Tat wie die Bären –, bekommt eine neue Dimension, wenn es *als Lied* gestaltet wird.

Text: Josef Guggenmos
Melodie: Heinz Lemmermann
Fidula-Verlag, Boppard/Salzburg

Kehrvers

Sieben kleine Bären gingen, trippel-trappel, durch den – sieben kleine Bären gingen, trippel – trappel, durch den Wald.

Und hielten sich brav bei den Vordertatzen. Da standen sieben kleine Katzen bei einer Pappel am Bach. Und sagten: „Ach! Wären wir drüben, miau!"
Kehrvers singen!

*Da nahmen die sieben kleinen Bären die sieben kleinen Katzen auf
ihren Rücken und sagten: „Wir sind stark, es wird schon glücken."
Die Katzen machten die Augen zu vor Ängsten.
Und der kleinsten war es am bängsten.*
Kehrvers *singen!*
*Als sie am andern Ufer waren, sagten die sieben Kätzlein artig das
Sätzlein: „Wir danken schön!" „Es ist gern geschehn!" erklärten die
Bären und meinten auch: „Ja, wenn wir nicht wären!"*
Kehrvers *singen!*

Sie werden bemerken, daß der formale Aufbau des Liedes im
Vergleich zu anderen Kinderliedern ungewöhnlich ist. Die
Handlung wird durch einen *gesprochenen,* ungereimten *Text*
wiedergegeben. Dieser wird an den Erzählabschnitten unter-
brochen durch den *gesungenen Kehrvers,* der auch am Anfang
und Schluß erklingt. Wir werden uns von dieser Eigenart des
Liedes bei seiner Vermittlung und Gestaltung leiten lassen.

B. Stufen der Liedvermittlung

(1) Kein kluger Erzieher wird das Lied unvermittelt bzw. ohne einen
Anlaß singen. Es bedarf einer Hinführung zum Lied oder seiner **Ein-
bettung in eine thematische Einheit.** Diese sind von der allgemeinen Planung und der jeweiligen Situation der Kindergartengruppe
abhängig. Hier können nur einige thematische Beispiele genannt
werden: Zirkus in unserer Stadt (falls er einen Bären hat) / Nach einem Zoobesuch / Ein Kind erzählt vom Bärengehege, das es im Urlaub mit den Eltern besuchte / Poster, Bilder von Bären / Ein
Bären-, Katzenbilderbuch / Tiergeschichten.

(2) **Wir bewegen uns wie Bären**
● Die Kinder werden aufgefordert, sich wie Bären frei im Raum zu
bewegen. Die Bewegungen werden schwerfällig und tapsig, wenn
man sich beim Gehen leicht bückt und die Hände auf die Oberschenkel kurz oberhalb der Knie legt. Beobachten Sie die Ergeb-

nisse und machen Sie auf Kinder aufmerksam, die die Bärenbewegungen
besonders gut nachahmen. Bald bildet sich in jeder Gruppe ein Grundmaß der Bewegung heraus. Es wird
durch Tambourin- oder Handpau-
kenschläge (= Rahmentrommel),
die der Erzieher oder ein rhythmussi-
cheres Kind ausführt, unterstützt
und *hörbar* gemacht. Das Tempo
dieses Grundmaßes richtet sich
nach dem Tempo Ihrer Kinder-

Rahmentrommel   gruppe.

●● Zur Erweiterung des Spiels und zur vertiefenden Gewöhnung an das Gehen im Grundmaß kann man „Bärenfamilien" bilden. Eine „Bärenmutter" tappt zum Rhythmus der Rahmentrommel durch den Raum, sucht sich fünf „Bärenkinder" und zum Schluß einen „Bärenvater" aus, die ihr im gleichen Takt und Tempo folgen. Die sieben Bären bekommen einen Stammplatz im Raum, eine „Höhle". Auf dieselbe Weise werden weitere Bärenfamilien gegründet. Wenn es die Fähigkeiten einiger Kinder Ihrer Gruppe erlauben, können Sie jeder Bärenfamilie ein bestimmtes Instrument zuordnen, das Kinder spielen, z. B.: Gruppe A hört auf die Rahmentrommel, Gruppe B auf den Schellenkranz, Gruppe C auf die Cymbeln. Wenn das einer Gruppe zugeordnete Instrument erklingt, erhebt sie sich vom „Bärenlager" und geht entsprechend dem Rhythmus und Tempo durch den Raum und auf ihren Platz zurück. Der Spaß und der Schwierigkeitsgrad lassen sich steigern, wenn mehrere Gruppen zugleich entsprechend dem Klang ihrer Instrumente durch den Raum gehen.

●●● Die Silben „trippel-trappel, trippel-trappel" werden mehrmals klangvoll gesprochen. Zunächst sitzen oder stehen die Kinder dabei am Platz. Dann gehen alle im Grundmaß mit Instrumentalbegleitung wie oben und sprechen dabei zugleich rhythmisch:

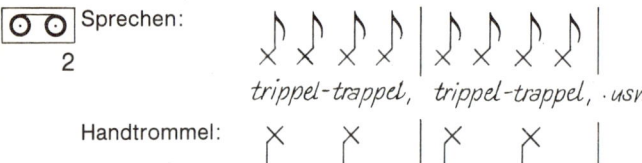

Die Übung kann wiederholt werden, indem jede „Bärenfamilie" den anderen vormacht, wie man gleichzeitig rhythmisch spricht und im Grundmaß geht.

●●●● Das Grundmaß des Gehens, welches sich inzwischen als ²⁄₄-Takt gefestigt hat, wird auf Stabspiele übertragen. Entfernen Sie von den Stabspielen alle Klangstäbe bis auf f und c.

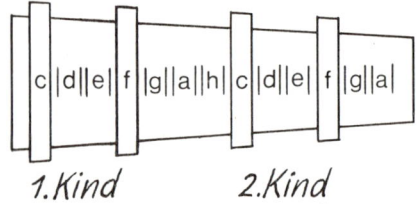

So viele Kinder, wie Ihre Instrumente es erlauben, spielen ostinat

Alle anderen Kinder oder einzelne „Bärenfamilien" gehen zum Ostinato der Instrumente durch den Raum. Auf ein Zeichen hin sprechen sie rhythmisch dazu „trippel-trappel" wie oben. Nicht allen
Kindern wird beides auf Anhieb sofort gelingen. Zunächst müssen
sie ja ihr eigenes Bewegungstempo und die rhythmischen Schwerpunkte denen der Instrumente anpassen. In diesen Ablauf hinein
sollen sie dann rhythmisch genau sprechen. Manchen gelingt das
letztere deshalb nicht, weil sie noch völlig mit der eigenen Körperbewegung in der Bärenrolle beschäftigt sind. Lassen Sie ihnen Zeit!
Bei vielen Menschen – auch bei Erwachsenen – wachsen die
rhythmischen Fähigkeiten langsam. Man muß dazu Mut machen.

(3) **Der Kehrvers wird gesungen**

● Es gibt zwei Möglichkeiten, den Kehrvers *vorzusingen*. Während
alle Kinder oder einzelne „Bärenfamilien" im Grundmaß wie unter
(2) durch den Raum gehen, singt der Erzieher ihn mehrmals. Dann
sollten Sie den Kindern Gelegenheit geben, sich zum Gehörten zu
äußern. Man stellt heraus, daß es *sieben* kleine Bären sind („Wie bei
unserer Bärenfamilie!"), die durch einen *Wald* gehen. – Bei dieser
Form der Darbietung des Kehrverses wird eine zweifache Tätigkeit
erwartet, nämlich das rhythmische Gehen und das *gleichzeitige* Hören auf den vorgesungenen Kehrvers. Sollte die Mehrheit der Kinder Ihrer Gruppe diese doppelte Aufmerksamkeit noch nicht
gewöhnt sein, so kann selbstverständlich der Kehrvers ohne be-
gleitende Bewegungen vorgesungen werden.

●● Alle singen den Kehrvers. Er wird – zumal nach dem vorberei-
tenden rhythmischen Sprechen unter (2) – auch von jüngeren Kindern bald aufgefaßt. Beachten Sie, daß das Wort „Wald" zunächst
ausgespart und erst am Schluß gesungen wird. Manche Kinder nei-
gen dazu, es schon am Ende der ersten Zeile zu singen. Machen
Sie sie durch eine Geste aufmerksam. Die Aussparung des Wortes
soll zu einem vergnügten Hindernis werden.

●●● Jetzt kann der Ostinato aus (2) als Begleitung zum Kehrvers
gespielt werden. Beginnen Sie stets mit dem ostinaten Instrumentalspiel, bevor das Singen einsetzt. (Auch bei der Kassetteneinspielung ist zuerst der Ostinato zu hören, bevor der Kehrvers gesungen
wird.) – Wiederholen Sie diesen Vorgang – auch durch den Wechsel
der Spieler an den Stabspielen.

Wenn das Singen mit der Instrumentalbegleitung rhythmisch relativ genau gekonnt ist, erweitern wir das Spiel. Hören Sie sich
hierzu die erste Liedeinspielung noch einmal an! Auf den Stabspielen wird der Ostinato fortlaufend gespielt; der Erzieher zeigt nacheinander auf die Mitglieder einer „Bärenfamilie" und zählt dabei von
eins bis sieben, während sich die „Bären" an den Vordertatzen an-
fassen. Bei „Sieben" fallen alle Kinder mit dem Gesang des Kehrverses ein; die „Bärenfamilie" bewegt sich durch den Raum. Bei
längeren Wegen wird der Kehrvers ohne Pause wiederholt.

(4) Das Lied wird vermittelt und gespielt

● Bisher haben die Kinder durch den Kehrvers nur erfahren, daß sieben Bären durch den Wald gehen. Regen Sie die Phantasie der Kinder an durch Fragen wie: „Was erleben (sehen) die Bären wohl, wenn sie durch den Wald tapsen?" Im Zusammenhang mit phantastischen Kindervorstellungen *erzählt der Erzieher die Liedgeschichte* mit eigenen Worten. Dabei läßt man die wörtliche Rede aus dem Originaltext einfließen, weil sie später von Kindern im Spiel gebraucht wird. Eine Erzieherin ließ die Begebenheit durch einen Stoffbären erzählen.

●● Die Handlung kann man schon jetzt im Rollenspiel nachspielen – vielleicht in der Weise, wie Sie es sich zu Beginn unserer Überlegungen vorgestellt haben. Die „Bären" und „Katzen" gebrauchen möglichst die wörtliche Rede des Originaltextes, die der Erwachsene ihnen zuflüstert.

●●● Nun kann man das Lied zugleich singen und spielen. Sieben „Katzen" und sieben „Bären" stellen es szenisch dar. Die übrigen Kinder singen den Kehrvers mit; einige spielen auf Stabspielen den Ostinato.

Spielfolge: Die Stabspiele beginnen und spielen bis Ende des Kehrverses. Sieben „Bären" bewegen sich auf der einen Seite des „Baches" und halten sich brav bei den Vordertatzen. Auf ein Zeichen singen alle den **Kehrvers.** Die „Bären" haben am Ende des Kehrverses die „Katzen" erreicht. Der Erzieher spricht den erläuternden Text, die „Katzen" die wörtliche Rede.

Die Stabspiele beginnen erneut; der **Kehrvers** setzt ein. Währenddessen gehen die „Bären" wieder durch den Raum und kommen bei Kehrversende bei den Katzen an. Der Text wird vom Erzieher und von den „Bären" gesprochen.

Wieder beginnen die Stabspiele mit dem ostinaten Spiel. „Bären" und „Katzen" gehen paarweise und vorsichtig über den „Bach" zum anderen Ufer. Auf ein Zeichen singen alle den **Kehrvers,** wenn notwendig mehrmals.

Am anderen Ufer wird der Dialog gesprochen. Dann erklingt der Ostinato wie vorher; „Katzen" und „Bären" gehen dazu in Paaren auf die Anfangsplätze zurück. Alle singen den **Kehrvers.**

●●●● Unnötig zu sagen, daß das Singspiel so oft wiederholt wird, wie die Kinder es mögen. Es wird auch andere Gruppen erfreuen und auch ältere Mitmenschen, denen man es vorspielt. Dazu noch ein Erweiterungsvorschlag: Vor Beginn jedes Singspiels schlafen die „Bären" vor ihrer Höhle (Stille!). Langsam erwachen sie, räkeln sich, gucken schläfrig; ein „Bär" erhebt sich. Der instrumentale Ostinato setzt ein; auch die anderen „Bären" erheben sich und trotteln im Grundmaß des Vorspiels in den „Wald". Der Kehrvers wird gesungen. – Auf diese Weise kommen die Kinder vor jedem Singspiel zur Ruhe.

C. Musikdidaktischer Kommentar

(I) Wahrscheinlich haben Sie schon beim Lesen gedacht: Das alles soll an einem Kindergartenmorgen geschehen? Meine Antwort: Auf keinen Fall! Die Abschnitte der Vermittlung lassen sich gut auf mehrere Tage verteilen. So entwikkelt sich das Liedspiel im Laufe einer Woche. Sie sollten jedoch am folgenden Tag nicht genau dort weitermachen, wo Sie am vorhergehenden geendet haben, sondern immer ein Stück wiederholen. Die vorgeschlagenen Spiele und Übungen sind ja nicht nur für den einmaligen Gebrauch gedacht. Bei ihrer veränderten Wiederholung vertiefen und präzisieren sich die musikalischen Fähigkeiten.

Erzieherinnen, die in der beschriebenen Weise vorgingen – es waren mehr als siebzig –, haben die Liedvermittlung in folgender Stufung durchgeführt:
1. Tag: Anschauung von Bären fördern (Bildmaterial, Gespräch) / Bewegung wie Bären / rhythmisches Gehen und Sprechen (= Phasen 1 und 2).
2. Tag: Rhythmisches Gehen und Sprechen (= Wiederholung Phase 2; rhythmische Fähigkeiten werden differenziert) / Kehrvers (= Phase 3).
3. Tag: Vermittlung des Liedes (= Phase 4), dabei Wiederholung des Kehrverses (Phase 3).
4. Tag: Wiederholung des Liedspiels mit besonderer Berücksichtigung der Stille vor jedem Spiel / Vorlieben der Kinder für eine Rolle werden beachtet; Verfestigung des Rollenspiels und der wörtlichen Rede.
5. Tag: wie am 4. Tag; das Liedspiel wird einer anderen Kindergartengruppe vorgeführt.
In den folgenden Wochen: gelegentliche Wiederholungen des Liedspiels entsprechend den Wünschen der Kinder / Vorspiel vor Eltern, Seniorengruppe.

Die Aufteilung der Phasen einer Liedgestaltung auf mehrere Tage, die wir an dem Lied von den sieben kleinen Bären aufgewiesen haben, sollte für die Musikerziehung im Kindergarten prinzipiell gelten. Die Kindergartenpädagogik hat den Vorzug, daß sie die Erschließung von Bildungsgehalten und die Förderung von Fähigkeiten nicht vom Zwang eines Stundenplans abhängig machen muß, sondern sich an der Spielintensität und der Konzentrationsfähigkeit der Kinder orientieren kann. Diesen Vorzug sollten wir für die musikalische Förderung nutzen. Tägliches Musikmachen ist für Fortschritte in der Musikerziehung entscheidend, denn musikalische Fähigkeiten müssen geweckt und durch aufbauende Übungen im Spiel beständig gefördert werden. Dann wird man sich wundern, wie viele Kinder musikalisch werden.

(II) Um welche musikalischen Fähigkeiten handelt es sich bei dieser Liedvermittlung? – Ich sage offen, daß ich mich scheue, darauf bis in Einzelheiten zu antworten, weil der falsche Eindruck entstehen könnte, man müsse sie im Kindergarten alle mit allen erreichen. Wenn wir hier anzustrebende Fähigkeiten nennen, dann nur deshalb, damit der *Erzieher* erkennt, welche musikerzieherischen Absichten mit dem Lied und Liedspiel verbunden sind – oder doch sein sollten.

In Phase (2) wird das *rhythmische Gefühl gefördert*. Das geschieht durch Bewegung im Raum im ¾-Takt / durch Schlagen der Handpauke in Vierteln / durch rhythmisches Sprechen / durch ostinates Spiel eines eintaktigen Motivs auf Stabspielen. – In Phase (4) werden die rhythmischen Fähigkeiten, in (3) gewonnen, in ein szenisches Spiel verwoben.

Wie kann man erkennen, ob das rhythmische Gefühl angemessen ist oder nicht? Es äußert sich darin, daß wir entsprechend dem Lang-kurz-Verhältnis der Töne und ihrer Betonungen passend singen, gehen, tanzen, Instrumente spielen. Diese rhythmischen Fähigkeiten können auch schon im Vorschulalter in Entsprechung zur Bewegungsfreude der Kinder differenziert werden.

Im *Kindergarten* wird das *rhythmische Gefühl gefördert* durch
– Bewegung im Raum,
– rhythmisches Sprechen,
– Spiel der Körperinstrumente; das sind z. B.: Klatschen in die eigenen Hände, in die Hände eines anderen / mit Händen oder Knöcheln im Sitzen auf den Fußboden klopfen / mit beiden Händen im Sitzen auf die Oberschenkel patschen,
– Spiel auf Schlaginstrumenten (sog. Kleines Schlagwerk) und auf Stabspielen (Xylophon, Metallophon, Glockenspiel).

Zu weiteren Methoden zur Förderung des rhythmischen Gefühls siehe Kommentare (VII) und (XIV).

Man sieht: In der frühen Musikerziehung werden musikalische Fähigkeiten nicht *an sich,* sondern immer im Spiel mit musikalischen Gestalten – hier mit einem Lied – gefördert. Die *Kinder* werden am Ende der Woche sagen: Wir haben ein Lied von Katzen und Bären gespielt. Für den *Erzieher* kommt noch Weiteres hinzu: Die Kinder haben *während der Erarbeitung des Liedes* gelernt, *ein wenig genauer* rhythmisch zu spre-

chen, tonrein(er) zu singen, genauer hinzuhören und eine
Melodie mit Begleitrhythmen zu koordinieren. Und das alles
so lange, als es Freude macht.

Zur ostinaten Begleitung von Liedern lesen Sie bitte den Kommentar (VIII).

3. *Was haben die Mäuse mit der Uhr gemacht?*

A. Zum Lied

Es ist ratsam, dieses Lied im Zusammenhang mit einer didaktischen Einheit, z. B. zu den Themen „Vom Ablauf der Zeit"
oder „Uhren" zu vermitteln. Der Liedtext handelt zwar nicht
von Stunden oder Minuten, die die Uhr anzeigt. Es werden
aber Geräusche von Uhren durch Klangsilben nachgeahmt
als klangliche Illustration einer phantastischen Geschichte
von Mäusen, die eine Uhr zum Stillstand bringen. Hören Sie
sich das Lied besonders unter diesem Höraspekt an.

Text und Melodie mündlich überliefert. Fassung: Dorothea Brosch.
Fidula-Verlag, Boppard/Salzburg

1. Was haben die Mäuse mit der Uhr gemacht?
   Sie haben die Uhr aus dem Takt gebracht.
   Dingli don, dingli don, ding don. Dingli don, dingli don, ding don.

2. *Sie sprangen der Uhr auf dem Kopf herum, dingli...*
   Das fand die Uhr denn ja gar zu dumm, dingli...

3. *Da haben die Mäuse gelacht, gelacht, dingli...*
   da hat die Uhr einen Knacks gemacht, dingli...

4. *Da freuten die Mäuse sich noch viel mehr, dingli...*
   denn die Uhr, die weiß nun die Zeit nicht mehr, dingli...

Würde man Kindern lediglich das vermitteln wollen, was der Text erzählt, so wäre der Ablauf bald beschrieben und erklärt. Auch die Melodie ist leicht zu behalten. Das Lied ist, für sich genommen, schnell zu erlernen. Der Musikerziehung im Kindergarten geht es aber nicht allein und zuerst darum, daß die Kinder Lieder auswendig lernen. Wir nehmen vielmehr dieses Lied zum Anlaß, um

– Uhrengeräusche unterscheidend zu hören,
– mit Uhrengeräuschen Klangspiele zu erfinden,
– den Liedinhalt auszuweiten und als Klanggeschichte zu gestalten,
– mit Rhythmen, die von Uhrengeräuschen abgeleitet sind, auf Instrumenten zu spielen und als Begleitformen zum Lied zu musizieren.

B. Stufen der Liedvermittlung

(1) Horchen – Unterscheiden – Nachahmen von Uhrengeräuschen

● Voraussetzung ist, daß die Aufmerksamkeit der Kinder auf die unterschiedlichen Uhren in ihrer Umwelt gelenkt wurde: Küchenuhren, Taschenuhren, Armbanduhren, Wanduhren, Standuhren, Wekker, Turmuhren (Kirche, Rathaus), Bahnhofsuhren, Spieluhren, elektronische Uhren (die keine Geräusche erzeugen und darum für Geräuschspiele unbrauchbar sind). Es muß hier unberücksichtigt bleiben, in welchem Ausmaß man technische Einzelheiten, das Aussehen, den Zweck und den verschiedenen Gebrauch von Uhren behandelt.

●● Wir *horchen* auf Geräusche von Uhren, die wir im Gruppenraum zur Verfügung haben (Wecker, Wanduhr, Armbanduhr) und solche, die wir aufsuchen (Kirchenuhr, Standuhr). Man kann *hörend unterscheiden:* leises – lautes Ticken / schneller – langsamer Schlag / Pendelschlag – Glockenschlag. Welche Uhren klingen leise, welche laut? Warum? –

Sehr vorteilhaft für die Förderung des konzentrierten Hörens und für das Interesse ist es, wenn Sie Uhrengeräusche auf ein Tonband aufnehmen und die Kinder die unterschiedlichen Geräusche den Uhren richtig zuordnen.

Das Wort Takt wird verdeutlicht (später in Strophe 1 gebraucht):
Alle Uhren schlagen gleichmäßig hin und her. Man kann es betont –
unbetont nachmachen. Wenn etwas so klingt, nennt man es Takt.
Deshalb sagen wir: „Die Uhr schlägt im Takt", oder: „Wir tanzen im
Takt", oder: „Der Dirigent schlägt den Takt der Musik."

●●● Mit Stimmgeräuschen, Schnalzlauten und Klangsilben werden Uhrengeräusche nachgeahmt. Die Kinder sollten Klangsilben
möglichst selbst erfinden, die das übliche „Tick-tack" erweitern.
Einige Beispiele: dingelinge – dingelinge / bom – bom / ding – ding
– dong / klick – klack / bim – bim – bim / bong – bong. Solcherlei
Klangsilben werden in unterschiedlicher Höhe, verschiedenem
Tempo und Rhythmus gesprochen. Welche „passen" zu kleinen, zu
großen Uhren, zu Uhren mit Glockenschlag?

Um das unterschiedliche Hören spielend zu fördern, kann man
einige Uhren bestimmten Klangsilben zuordnen. Beispiele: tick –
tick – tick – tick (schnell) = Armbanduhr / klick – klack (hart) =
aufdringliche Weckuhr / ding – dong (langsam) = Standuhr. Ein
Gruppenmitglied spricht ein Beispiel klangvoll vor; die andern nennen die durch den Klang bezeichnete Uhr. – Der Vorgang ist auch
umgekehrt möglich: Einer zeigt auf eine Uhr; ein anderer macht das
dazu verabredete Geräusch.

●●●● Ein Klangspiel: Wir spielen Uhrenladen. Jedes Kind ahmt
bei diesem Spiel mit Hilfe von Klangsilben eine Uhr nach. Ein Kind
ist der Inhaber des Uhrenladens, ein anderes Kind der Käufer.

Der Käufer öffnet die Tür (Gongschlag oder Klang eines angeschla-
genes Glases) – Er kommt den Uhrenschränken und -auslagen näher (Uhrengeräusche werden lauter) – Der Käufer sieht sich mit
Hilfe des Verkäufers diese und jene Uhr an (einzelne Uhrengeräusche treten hervor) – Eine Standuhr schlägt ganz laut; eine Kuk-
kucksuhr schlägt – Der Käufer verläßt den Laden (Geräusche
werden leiser; Gongschlag der Tür).

In einer Kindergruppe war das Geräuschespiel vom Uhrenladen intensiv gespielt worden. Beim Ankleiden sagte ein Junge vor dem
Nach-Hause-Gehen: „Mich hast du im Uhrenladen nicht gehört. Ich
war eine Sanduhr!"

(2) **Rhythmisches Spiel**
Dieses Spiel nimmt aus der Vielzahl der Beispiele unter (1) einige
Klangsilben wieder auf, die dort als Nachahmung von Uhrengeräu-
schen erfunden wurden. Sie werden nun rhythmisch präzisiert.

● Alle sprechen im Rhythmus   *ding-dong   ding-dong . . .* *usw.*

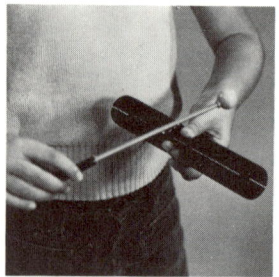

Der Rhythmus wird auf eine *Röhren-trommel* oder/und eine *Handpauke* (Rahmentrommel) übertragen. Dabei spricht man zunächst weiter, läßt nach und nach die Klangsilben weg. Dem Spieler der Röhrentrommel wird empfohlen, den Sprachklang *in-nerlich* mitzuhören bzw. mitzusprechen. Diese Methode hat sich bei der Festigung des Rhythmusgefühls bewährt. Sie können sie in ähnlichen Situationen immer wieder anwenden!

Holzröhrentrommel

●● Vom Sprachklang „dingli don" heben wir den Rhythmus ab. (Vgl. das folg. Tonkassetten-Beispiel.)

Wieder sprechen alle im Rhythmus, der von *Holzblocktrommeln* oder *Klangstäben* (Schlagstäbe) mitgespielt wird. Bald hört man nur noch den Rhythmus auf den Instrumenten. (Die Spieler hören *innerlich* den Sprachklang mit, – siehe oben!)

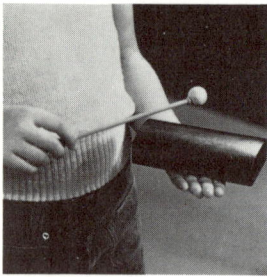

Holzblocktrommel

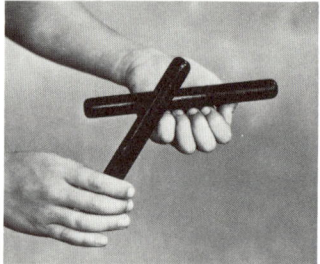

Schlagstäbe

●●● Nun werden beide Rhythmen miteinander gekoppelt. Jeder Rhythmus wird durch eine Gruppe vertreten. Ein einzelner Spieler kann dazu noch einen Glockenschlag auf einem Becken, das mit einem Schlägel geschlagen wird, imitieren. Achten Sie darauf, daß die Gruppen nicht zugleich, sondern hintereinander einsetzen. Das Ergebnis können Sie hier und Seite 25 unten lesen.

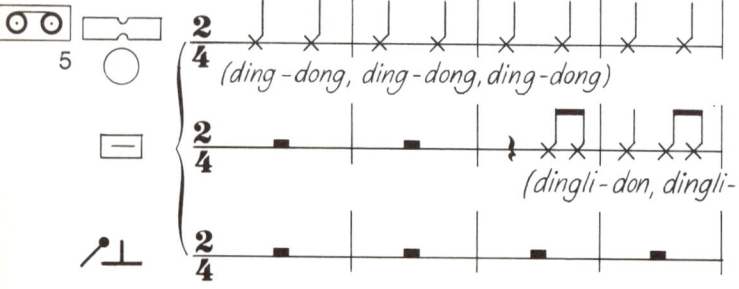

5

(ding - dong, ding - dong, ding - dong)

(dingli - don, dingli-

(3) Ein Klangspiel und eine Klanggeschichte bereiten das Verständnis des Liedinhalts vor

● Eine Röhrenholztrommel „erzählt" ein Geschehnis. – Schlagen Sie das Instrument eine lange Zeit gleichmäßig ✗ ✗ im Takt, wie wenn eine Uhr tickt. Dann wird der Schlag unregelmäßig schneller und auch langsamer. Für eine Strecke ist das Ticken wieder gleichmäßig, dann wird es langsamer und endet plötzlich. – Die Kinder erzählen, was sie gehört haben: Zunächst tickte die Uhr gleichmäßig. Dann „rannte sie los" und wurde auch langsamer. Am Ende blieb sie stehen. Sie ist kaputt; „da hat die Uhr einen Knacks gemacht." – Jetzt sollten auch einzelne Kinder das Geschehnis ohne Worte auf einer Röhrenholztrommel „erzählen".

●● Der Liedinhalt wird vom Erzieher ausschmückend erzählt. Die zuhörenden Kinder können während des Erzählens die Geräusche, von denen die Rede ist, durch Klangerzeugung auf einfachen Instrumenten und durch Klangsilben verdeutlichen. Einige Vorschläge für die Verklanglichung:

– Mäuselaufen = mit Fingernagelspitzen schnell wechselnd auf Kisten, Kartons, Plastikbecher, Tischplatte schlagen;
– Mäuse in der Schachtel = mit Papier knistern;
– Dingli – don = klangvoll sprechen, mit Zymbeln unterstützen;
– Mäuse jagen eine Nuß = Holz auf Holz.

Eine Kindergarten-Erzieherin erzählte den Liedinhalt so:

In einem alten Haus wohnten einige Mäuse. Sie fanden es sehr lustig, in den Zimmern herumzuspringen, sich in alten Schachteln zu verstecken und hinter einer Nuß herzujagen. Eines Abends stand die Tür zu einem Zimmer offen, in dem sie noch nie waren. Vorsichtig gingen sie hinein. Da hörten sie, wie jemand rief: „Dingli – don, dingli – don." Die Mäuse erschraken. Aber eine ging dem Geräusch nach. An einer Wand stand ein großer Kasten. Hinter einer Glasscheibe bewegte sich ein Pendel: Dingli – don, dingli – don, dingli – dong. Die Maus rief die anderen herbei. Die kletterten auf den Kasten und auch in das Gehäuse hinein. Einige setzten sich sogar auf den Pendel und schaukelten hin und her: Dingli – don, dingli – don.

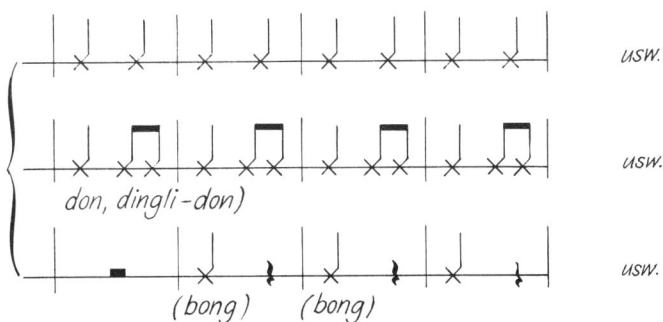

Als aber eine Maus sich am Zeiger festhielt, da wurde die Uhr ärgerlich. Sie machte einen Knacks; dabei kam sie aus dem Takt und stand still. Da haben die Mäuse gelacht, und sie hüpften in ihren Karton zurück. Den Uhrschlag aber hörte man nicht mehr; im Hause war es ganz still.

Wenn Sie diese Geschichte mit Kindern verklanglichen wollen, dann sollten Sie sie nun noch einmal unter der Fragestellung lesen: An welchen Stellen kann die Erzählung durch Geräusche gesteigert werden? Diese Teile sollten Sie im Text unterstreichen, am besten mit einer bestimmten Farbe für jedes Geräusch. Es wird Ihnen auffallen, daß die Geräusche nicht nur punktuell eingestreut werden können (z. B. bei „sich in den Schachteln verstecken" oder „. . . hinter einer Nuß herjagen").

Manchmal kann man die Spannung erhöhen, wenn die Geräusche *während* des Erzählens weiter zu hören sind, jedoch so, daß Erzählung und Geräusch miteinander korrespondieren. So sprechen z. B. die Kinder leise „Dingli – don", während Sie erzählen: „Die Maus lief herbei . . ." – Die Hörer sind also an der akustischen Gestaltung des Ablaufs beteiligt. Das macht den Reiz und die Spannung aus.

(4) Vermittlung des Liedes
Falls Sie die Tonkassette benutzen, dann hören Sie sich bitte das Lied noch einmal an und verfolgen Sie dabei Noten und Text. Es fällt auf, daß die Strophen zweigeteilt sind. Im ersten Teil jeder Strophe wird die knappe Handlung gesungen; der zweite Teil ist immer derselbe. Der Kehrvers „Dingli – don . . ." soll offenbar an den Klang einer größeren Uhr erinnern. Zugleich könnte er auch als Antwort und Kommentar von Zuhörern aufgefaßt werden. Mit anderen Worten: Der Strophenaufbau legt Vortrag durch einen Vorsänger und Kehrvers-Antwort von allen nahe. Damit ist der Weg für die Liedeinführung vorgezeichnet: Wir beginnen mit dem Kehrvers. Wenn dieser von den Kindern gekonnt ist, singt der Erzieher die Strophen vor; die Kinder fallen jedesmal mit dem Kehrvers ein. Eine ausführliche Besprechung des Inhalts ist nicht notwendig, da er schon durch die Klanggeschichte unter (3) erläutert wurde.
● Die Klangsilben des *Kehrverses* werden im Rhythmus der Liedmelodie *gesprochen*, nämlich:

Dingli –don, dingli-don, ding-don. Dingli-don, dingli-don, ding-don.

Bei Wiederholungen kann man für Abwechslung sorgen, indem man zusätzlich den Rhythmus klopft, ihn in die Hand schlägt und auf geeigneten Instrumenten spielt.

●● Jetzt ist es nicht mehr schwierig, den *Kehrvers* zu *singen*. Sie
können das Nachsingen erleichtern, wenn Sie die Tonhöhenunter-
schiede mit der Hand in die Luft zeichnen.
●●● Der Erzieher singt alle Strophen vor, wie wenn er eine Geschichte erzählt. Die Kinder antworten mit dem Kehrvers. Dieser
Vorgang wird mehrmals wiederholt, bis die Kinder das Lied als Ganzes aufgefaßt haben.
●●●● Wahrscheinlich werden die Kinder schon nach dem ersten
Vortrag feststellen: Es ist im Lied genau so, wie wir es in der Geschichte gespielt haben. Im Gespräch werden Einzelheiten wiederholt. Dabei sollte den Kindern Gelegenheit gegeben werden, ihre
Beobachtungen und Stellungnahmen zu sagen.

(5) Übung des Liedes und anschließende Spielform

● Der Text jeder Strophe wird vom Erzieher vorgesprochen. Dann
singen die Kinder die ganze Strophe.
●● Singen mit verteilten Rollen, z. B.:

Gruppe 1: Was haben die Mäuse mit der Uhr gemacht?
         alle: Dingli – don ...
Gruppe 2: Sie haben die Uhr aus dem Takt gebracht.
         alle: Dingli – don ...

●●● Die unter (2) gewonnenen rhythmischen Formen werden wieder aufgegriffen und als Begleitung zum Lied verwendet. Fortge-
schrittene Kinder können zusätzlich noch einen Ostinato auf
Stabspielen spielen. Die Begleitrhythmen setzen *hintereinander*
ein, wie es auch aus dem Notenbild Seite 28/29 ersichtlich ist.
●●●● Diese Kinder haben eine Uhr gebastelt und die Mäusege-
schichte im Raum gespielt. Die anderen Gruppenmitglieder haben

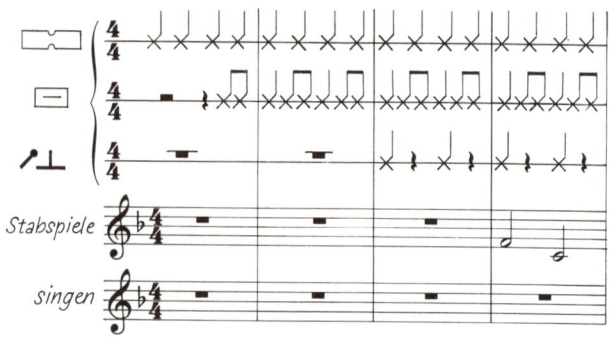

zunächst die Geräusche wie in der Klanggeschichte erzeugt und dann das Lied gesungen. Einige spielten die Instrumente wie auf den beiden Seiten oben notiert.

Vor einem Mißverständnis möchte ich warnen. Das angeführte Beispiel wird mit vier Begleitformen selten in einer Kindergartengruppe zu realisieren sein. Es darf nicht als verbindliche Form für jeden Kindergarten mißverstanden werden. Wir möchten verschiedene Möglichkeiten aufweisen. Suchen Sie bitte die Begleitformen heraus, die für Sie und Ihre Gruppe angemessen sind. Nach und nach wird man mehrere vereinen können. (Unsere Einspielung möchte hörbar machen, was angestrebt wird.)

C. Musikdidaktischer Kommentar

(III) Folgt man den Vorschlägen dieser Liedvermittlung, so können verschiedene musikalische Fähigkeiten gefördert werden.

● *Phase (1):* Uhren werden nicht nur beobachtet, auf ihren Zweck hin befragt und erklärt; ihre verschiedenen Geräusche werden *hörend* unterschieden. Zwei Ausprägungen des Hörens werden geübt! (a) Zuerst und vor allem muß man *hinhören.* Das Gehör richtet sich bewußt auf eine Klangquelle; andere akustische Vorgänge werden ausgeblendet, über-hört. Das Wort *horchen* bezeichnet diese Verhaltensweise treffend. (b) Aufgrund des Hinhörens können wir *unterscheidend hören.* Die Wahrnehmung unterschiedlicher Geräusche und Klänge wird – und das ist für den Kindergarten bezeichnend! – nicht durch Wörter belegt, sondern durch Zuordnungsspiele bestätigt und angewendet. Das ist der

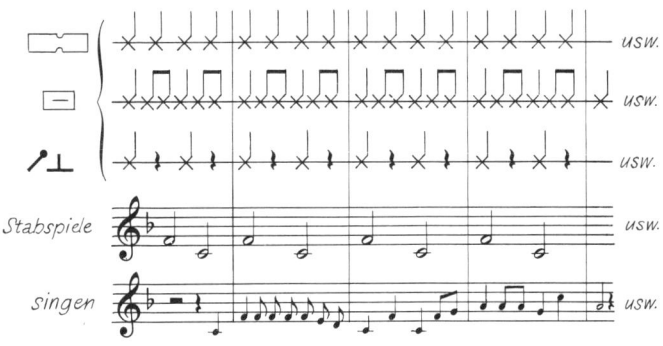

Sinn der Spiele in dieser Phase. – Früher nannte die Kindergartenpädagogik solche Absichten Sinnesschulung. Das
Wort ist ein wenig ungenau: Nicht die Sinne allein (hier die
Ohren) werden geübt, sondern zugleich die Verinnerlichung
dessen, was die Sinne wahrnehmen. Deshalb ist das Wort
Wahrnehmungserziehung geeigneter. Wenn man Fremdwör-
ter mag, wäre in diesem Fall von *auditiver Wahrnehmungserziehung* zu sprechen. (Wir kommen im Kapitel 4 darauf
zurück.)

● *Phase (2):* Während in Phase 1 das unterscheidende Hören
sich auf Geräusche richtet, die im musikalischen Sinne noch
nicht gestaltet sind, werden hier charakteristische musikalische Rhythmen gespielt, die jedoch von Rhythmen formali-
sierter Klanggeräusche abgeleitet sind. Ob Kinder die
Rhythmen hörend unterscheiden, kann man ablesen daran,
wie sie sie mit Stimme und Instrument realisieren. Lesen Sie
dazu weiter unter Kommentar (II).

● *Phase (3):* Mit den Klanggeschichten verfolgen wir eine
doppelte Absicht! (a) Sie bereiten inhaltlich das Verständnis
des Liedes vor. (b) Sie befriedigen das Bedürfnis vieler Kinder nach Geschichtenerzählen und ziehen die Kinder in die
Gestaltung der erzählten Geschichte ein. Dadurch wird das
Erlebnis vertieft (siehe auch Kapitel 2).

● *Phase (4):* Das Lied wird zwar durch Vor- und Nachsingen
gelernt; das führt aber nicht zur langweiligen „Papageienme-
thode", da die Aufmerksamkeit und der Tätigkeitsdrang der
Kinder in verschiedener Weise angesprochen werden: Sie *sprechen* und *klatschen* den Rhythmus des Kehrverses / sie *singen*
den Kehrvers / sie *antworten* mit dem gesungenen Kehrvers
auf die vorgesungenen Strophen, die sie deshalb genau *hören*

müssen / sie *sprechen* den Text der Strophe *nach* und *verbinden* den Inhalt *mit der Klanggeschichte* / sie *singen* das ganze Lied *im Wechsel* von Gruppen.

● *Phase (5):* Zur Begleitung des Liedes werden solche rhythmischen Bausteine verwendet, die schon in Phase (2) entwickelt und gespielt wurden. Die neue Fähigkeit, die hier zumindest angebahnt werden soll, ist: Ostinate Rhythmen parallel zum gesungenen Lied auf Instrumenten spielen können. Der Begriff ostinate Rhythmen ist im Kommentar (VIII) beschrieben.

Typisch für diese Liedgestaltung ist also die Verbindung von Hörübungen, Klangerfindungen, Liedsingen und instrumentaler Liedbegleitung. Zwar bildet das Lied den Schwerpunkt, aber auch jeder andere musikdidaktische Teilbereich ist von Bedeutung. Wir trennen nicht das Singen von Hörübungen oder das Sprechen der Sprachklangsilben von der instrumentalen Liedbegleitung. Musikerziehung im Kindergarten ist gekennzeichnet durch die Integration verschiedener musikalischer Ausdrucksformen – z.B. Liedsingen, Instrumentalspiel, Stimmklangspiel – unter einem (außermusikalischen) Thema. Gerade durch deren Verbindung miteinander werden Kinder musikalisiert, – und das besonders, wenn Sie die Gestaltungsstufen – wie in Kommentar (I) begründet – auf mehrere Tage verteilen und dabei anfanghaft gewonnene Fähigkeiten wiederholen, differenzieren und vertiefen.

4. Gestern an der Haltestelle

A. Zum Lied

Als wir dieses Lied 1977/78 mit etwa dreißig Erzieherinnen aufbereiteten, um zu erproben, ob es für Kinder zwischen vier und sechs Jahren geeignet sei, meinten die meisten: Es ist viel zu schwer! Vor allem kann kaum ein Kind den langen Vers behalten:

O! Porto packa morto macka schnuddelda baddeldi bing.
O! Vicolati resoluto multi pata ping.

Es wird Ihnen wahrscheinlich genauso ergehen. Ich bin aber sicher, daß Sie – entsprechende Einstellung vorausgesetzt – nach der Liedvermittlung in Ihrer Gruppe zu ähnlichen Überraschungen kommen werden wie die Teilnehmerinnen der Erprobungsgruppe; die meisten berichteten, daß „O porto packa" für Wochen zum „Schlager" geworden sei. Warum das so ist, werden wir im musikdidaktischen Kommentar darlegen.

Stellen Sie sich folgende Fragen:

● Wovon wird hier erzählt?
● Was mag Kindern am meisten gefallen?

Text: Ortfried Pörsel
Melodie: Heinz Lemmermann
Fidula-Verlag, Boppard/Salzburg

Strophe 1: Gestern an der Haltestelle sah ich einen Mann, der ging auf einen andern zu und sprach ihn freundlich an: „O! Porto packa morto macka schnuddelda baddeldi bing. O! Vicolati resoluto multi patta ping."

(Sprechen:) Der andere sprach: „Bedaure sehr! Ich höre leider etwas schwer. Kann gar nichts verstehn, doch da steht einer, fragen Sie den!"

Strophe 2: Kurz entschlossen ging der Fremde zu dem zweiten Mann; er zog sehr höflich seinen Hut und sprach ihn freundlich an:
„O! Porto packa... usw."

(Sprechen:) Der zweite sagte ihm ganz schlicht: „Ich spreche Ihre Sprache nicht. Kann gar nichts verstehn; doch da kommt einer, fragen Sie den!"

Strophe 3: Ohne Zögern ging der Fremde zu dem dritten Mann, der kam gerade dort vorbei, den sprach er freundlich an:
„O! Porto packa... usw."

(Sprechen:) Der dritte aber lachte nur und zeigte seine Armbanduhr: „O! Porto packa morto macka schnuddelda baddeldi bing. O! Vicolati resoluto multi pata ping."

Strophe 4: Lachend gingen alle beide weiter in die Stadt, und nun weiß ich, was der Fremde da geredet hat: „O! Porto packa... usw."

An einer Haltestelle geht ein Fremder freundlich auf einen anderen zu und spricht ihn in unverständlichem Kauderwelsch an. Der aber versteht ihn nicht und entschuldigt sich damit, daß er schwerhörig sei. Auch der zweite, auf den der Fremde zugeht, versteht ihn nicht mit der Begründung, daß er die Sprache nicht kenne. Erst der dritte scheint zu begreifen, was der Fremde meint, denn er zeigt ihm seine Armbanduhr. Da gehen beide lachend weiter in die Stadt. Am Schluß heißt es: „Und nun weiß ich, was der Fremde da geredet hat." Weiß man es nun wirklich? Es ist anzunehmen, daß der Mann nach der Uhrzeit gefragt hat. Eindeutig geht das aus dem Text nicht hervor. Es ist auch offensichtlich nicht das Wichtigste. Denn in diesem Lied geht es vor allem um den Spaß an den ungewöhnlichen, sinnlosen Sprachklängen. Auf sie hin ist die Erzählung angelegt. Der Fremde, welcher das Kauderwelsch spricht, muß ja auf drei Leute zugehen. Dieses ist der Anlaß, weshalb wir den Vers immer wieder sprechen bzw. singen können. Er ist es, der Kinder an diesem Lied vor allem interessieren kann. Wir werden es deshalb auch von hier aus erschließen.

B. Stufen der Liedvermittlung

(1) Sprechspiele mit dem Sprachklangvers

● Spiel mit dem ersten Teil des Sprachklangverses. Immer spricht
der Erzieher die Sprachklänge vor, die Kinder sprechen sie nach.
Man kann das Sprechspiel – wenn die Gruppensituation es zuläßt –
erweitern, indem zwei Gruppen gebildet werden. Dann wird der
Sprachklang zweimal nachgesprochen, also: Erzieher – 1. Gruppe
– 2. Gruppe. Der Witz besteht darin, daß der Sprachklangvers immer länger wird. Sie können auf der Tonkassette ein Beispiel hören:

E: O! **P**orto **p**acka! (1. Gruppe wiederholt; 2. Gruppe wiederholt)
E: O! **P**orto **p**acka **m**orto **m**acka! (1. Gruppe / 2. Gruppe)
E: O! **P**orta **p**acka **m**orto **m**acka! schnuddel**da** baddeld**i** bing.   7
(1. Gruppe / 2. Gruppe)

Selbstverständlich werden Sie die Beispiele in der Kindergruppe
häufiger sprechen, als wir sie eingespielt haben. Wichtig ist, daß
man stets von vorn beginnt und jeden neuen Klang an den vorheri-
gen anhängt. Rhythmus und Tempo sind auf dieser Stufe beliebig.
Klangvolles und variationsreiches Sprechen ist das Wichtigste! Orientieren Sie sich an einigen Vokalen und Konsonanten, die den
Sprachklangablauf gliedern. Sie sind **fett** gedruckt.
●● Die Klangfolge wird so gesprochen, daß man aus dem Stimm-
klang eine Situation oder eine Stimmung heraushören kann. Sprechen Sie also zum Beispiel langsam („müde") und gähnend „O!
Porto packa ..."; die Kinder wiederholen entsprechend. Weitere
Beispiele:

– wütend laut wie ein Mensch, der sich ärgert;
– leise, einschläfernd, wie wenn ein Kind eine Puppe in den Schlaf
  bringen will;
– geschwätzig schnell und/oder laut wie ein Marktschreier;
– hinterhältig wie eine Hexe.

Selbstverständlich werden bald einzelne Kinder anstelle des Erziehers so vorsprechen, daß die anderen nachsprechen und die ge-
meinte Situation erraten können. Witzige Leute imitieren manchmal
auch Geschehnisse, die man in den letzten Tagen in der Gruppe erlebt hat, oder bestimmte Eigenheiten von bekannten Personen.
Einige Erzieherinnen haben verschiedene Klanggebungen dieses
Verses auch von Figuren des Kasperletheaters vorsprechen lassen, die die Kinder auffordern bzw. fragen, ob sie auch so sprechen
können.
●●● Wie vordem der erste Teil, so wird jetzt der zweite Teil des
Sprachklangverses gesprochen. Man kann ihn jetzt gleich mit einer
Klanggebung verbinden, die auf eine Situation bezogen ist, oder –
im Methodenwechsel zum ersten Teil – durch Kasperle- oder Fin-
gerpuppen vorsprechen lassen. Tempo und Rhythmus des Sprechens bleiben noch frei. Wie oben ist darauf zu achten, daß mit

wenigen Silben begonnen wird. Bei der Verlängerung des Verses beginnt man immer wieder von vorn, nämlich

E: O! Vicolati! (1. Gruppe / 2. Gruppe)
E: O! Vicolati resoluto! (1. Gruppe / 2. Gruppe)
E: O! Vicolati resoluto multi pata ping! (1. Gruppe / 2. Gruppe)

●●●● Bei der Wiederholung und Vertiefung an den nächsten Tagen gibt es zwei Variationsmöglichkeiten.
– Einige Kinder sprechen (wenn nötig mit Hilfe des Erwachsenen) den ganzen Sprachklangvers ohne Situationsbezug vor; alle sprechen nach.
– Ein Kind spricht den Vers mit einem bestimmten Sprachklang, der auf eine Situation oder auf eine Person hinweist. Die anderen erraten, was oder wer gemeint ist.

●●● Der Sprachklangvers wird im Liedrhythmus gesprochen, nämlich

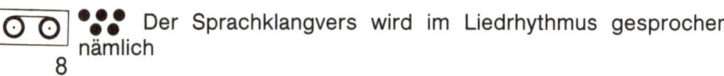

O! Porto pakka   morto makka schnuddel da baddel di   bing.

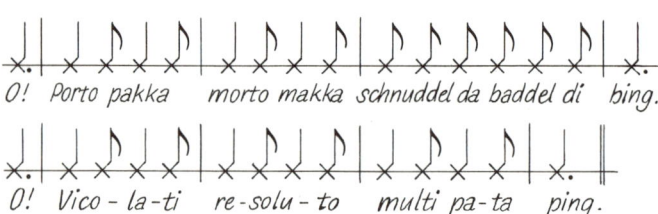

O! Vico - la-ti   re-solu-to   multi pa-ta   ping.

(2) Das Lied wird als ganzes vermittelt
● Bisher haben die Kinder den Sprachklangvers mit allen möglichen Ereignissen oder Situationen in Verbindung gebracht, nur noch nicht mit dem fremden Mann an der Haltestelle, denn diese Geschichte kennen sie noch nicht. Wie ist sie zu vermitteln?
Man kann sich zwischen zwei Möglichkeiten entscheiden.
Möglichkeit 1: Sie erzählen die Geschichte mit eigenen Worten. Unsere Frage: Wovon wird hier erzählt?, die wir oben bei der Liedbeschreibung stellten, diente der Vorbereitung des Erziehers für das eigene Erzählen. An den entsprechenden Stellen wird der Sprachklangvers *rhythmisch* – wie unter (1) – mit angemessener Klanggebung vorgesprochen, von allen nachgesprochen.
Möglichkeit 2: Die darbietende Erzählung erfolgt sogleich in der Textfassung des Liedes, die hier jedoch vorgesprochen, also noch nicht vorgesungen wird. Mit dem Sprachklangvers verfährt man wie bei Möglichkeit 1.
●● Welche der beiden Möglichkeiten zur Erzählung des Liedinhalts Sie auch gewählt haben: Die Kinder sollten anschließend Gelegenheit haben, sich zu äußern, Fragen zu stellen, Vermutungen anzustellen, Stellung zu nehmen. Sollte das in Ihrer Gruppe noch nicht selbstverständlich sein, dann nehmen Sie bei Liedern wie die-

sem die Gelegenheit zum Gespräch über einen vorgetragenen Inhalt wahr und ermutigen Sie die Kinder gegebenenfalls mit Fragen.
●●● Nun singt der Erzieher das Lied ganz vor. Da der Sprachklangvers wie ein Refrain (Kehrvers) wiederholt wird, können ihn
die Kinder bald mitsingen. Es ist nach der Erfahrung nicht schwer,
weil die Refrain-Melodie einem einfachen Muster folgt, in ihren beiden Teilen ähnlich ist und die Kinder ihren Rhythmus schon vorher
gesprochen haben. – Die gesprochenen Texte zwischen den Strophen werden bei Wiederholungen des Liedes von einzelnen Kindern übernommen. Sie müssen nicht wörtlich gesprochen werden.

(3) Szenische Darstellung des Liedes
Dazu genügen einige Requisiten, die die Haltestelle andeuten, z.B.
eine Bank und ein Haltestellenschild aus der Verkehrskiste. Beachten Sie, daß der „Fremde" so ausgestattet ist, daß er seinen Hut ziehen kann. Der dritte Spieler braucht eine Armbanduhr.
Die Strophen werden entweder von allen gesungen, oder der Erzieher singt sie vor und alle fallen beim Refrain ein. Die Spieler übernehmen die wörtlichen Reden und stellen das Geschehen szenisch
dar. Der Erwachsene leitet jeweils die wörtliche Rede ein. Zum
Schluß gehen „alle beide" lachend weiter. Die Sänger können den
Schlußrefrain mitklatschen. Das Spiel beginnt mit anderer Rollenverteilung von vorn.

C. Musikdidaktischer Kommentar

(IV) Wenn Sie den didaktisch-methodischen Weg rück-
schauend überblicken, dann fällt auf, daß das *Spiel mit dem
Sprachklangvers* eine lange Strecke bestimmt. Warum? Wir
verbinden mit dem Sprachklangvers die musikerzieherische
Absicht, die *Kinderstimme* zu *bilden,* indem die Stimmwerk-
zeuge (z.B. Zunge, Lippen) locker, bewußter und genauer
gebraucht werden. Deshalb lassen wir uns immer neue Situationen einfallen, die eine Wiederholung des Verses herausfordern und durch unterschiedliche Klanggebung (z.B.
wütend, gähnend) die Sprechwerkzeuge unterschiedlich ak-
tivieren.
   Wie kommt es, daß diese Art des Umgangs mit Sprache
Kindern häufig leichter fällt als Erwachsenen (und wir uns
daher bei der Auswahl von Liedern verschätzen)? Für Kinder
sind auch Klangsilben *ohne* Sinn interessant. Darauf weisen viele sinnlose Abzählreime und Fingerspielverse hin.
Anders als bei Erwachsenen orientiert sich ihr Ohr viel mehr
am Sprach*klang*. Darum ist es sehr wichtig – nicht nur bei
Gelegenheit eines Sprachklangverses! –, mit Kindern klangvoll zu sprechen und bei sinnlosen Sprachklangreihungen

Klangstützen, Klangpfeiler zu geben, an denen sich das Ohr orientieren kann. Solche Klangstützen sind im Schriftbild – oben – herausgehoben durch fettgedruckte Vokale und Konsonanten.

Stimmbildung ist im Kindergarten keine Sonderaufgabe für gelegentliche Übungen. Sie sollte prinzipiell mit Sprechen und Singen verbunden sein in Form abwechslungsreicher Spiele. Für die Bildung der Kinderstimmen sind Erzieher im wahrsten Sinne Vorbild („Wie die Alten sungen, so zwitschern die Jungen"). Wenn Kinder ihnen anmerken, daß sie selbstverständlich und mit Lust klangvoll und deutlich sprechen und singen, dann werden sie es ihnen gleichtun.

5. Onkel Jörg hat einen Bauernhof

A. Zum Lied

Mehr als ein Jahrhundert lang hat das Lied schon englische Kinder erfreut, bevor es vor einigen Jahrzehnten im deutschsprachigen Raum bekannt wurde. Warum wird das Kinderlied von „Old Mac Donald" so gern gesungen? Es ist der Spaß an der Nachahmung von Tierstimmen, welcher es bei Kindern beliebt macht. Die Liedform ist so angelegt, daß Kinder *gemeinsam* nach einem einfachen Schema Tierstimmen imitieren können. Der erste Teil des Liedes (wir bezeichnen ihnen zu unserer Verständigung mit Teil A) hat keine andere Aufgabe, als mit einer textlich wie melodisch gleichen Melodieperiode eine Tierart anzukündigen. Im zweiten Teil (B) imitieren dann alle möglichst einfallsreich und kurios die Stimmen der genannten Tiere, und zwar so, daß sie „hier" und „dort" und „überall" ertönen. (Im englischen Text heißt es z. B. zu Enten: „With a quack – quack here, and a quack – quack there, here a quack, there a quack. Ev'ry where quack – quack.")

Für Kindergartenerzieher liegt es nahe, ein solches Lied im Rahmen einer Einheit „Bauernhof" oder „Tiere auf dem Bauernhof" einzuplanen. Unter musikpädagogischen Gesichtspunkten weiten wir das Lied zu einem Klangspiel mit klanggestalterischem Tierstimmenspiel aus, das dem Lied vorhergeht.

B. Stufen der Vermittlung

(1) Klangspiel durch Nachahmung von Tierstimmen

Die spielerische Beschäftigung mit Tierstimmen erfolgt in dieser Phase unabhängig vom Lied. Wenn Kinder die Geräusche und Stimmen von Tieren nachahmen, wiedergeben und verändern sollen, dann müssen sie eine möglichst intensive Vorstellung dieser akustischen Vorgänge haben. Diesbezüglich prägende Vorerfahrungen sind bei vielen Kindern nicht gegeben. Ihre Klang- und Geräuschvorstellungen beruhen oft nicht auf Originalerfahrungen von schreienden, blökenden, gackernden Tieren, sondern auf schablonisierten Imitationen von Tierstimmen in Abzählversen, Volksliedern oder akustisch unterlegter Reklame. Anstelle einer Originalbegegnung erfahren auch hier – wie so oft – Kinder des 20. Jahrhunderts die Natur (im wahrsten Sinne des Wortes) vom Hören-Sagen. Leider gibt es nur wenige Kindergärten, in denen man nur die Fenster öffnen muß, um einen Hahn krähen, Kühe brüllen, Pferde wiehern zu hören. In allen anderen Fällen wird man versuchen, wenigstens einige Tierstimmen original zu hören. Am besten ist der Besuch – sind Ferien – auf dem Bauernhof. Im Gruppenraum holen wir durch Gespräch und Spiel aus dem Gedächtnis hoch, was Kinder dort gesehen und gehört haben. Die Betonung liegt auf *hören;* d. h. mit Hilfe der Erinnerungs- und Vorstellungskraft sollen die akustischen Qualitäten der verschiedenen Tierstimmen *innerlich gegenwärtig* werden. – Eine andere Möglichkeit wird durch technische Mittel geboten. Nehmen Sie doch bei Ihren Ausflügen und in Ihren Ferien selbst Tierstimmen mittels Tonbandgerät oder Kassettenrecorder auf! Mit Geduld und Planung können Sie sich eine Sammlung von Tierstimmen auf Tondband anlegen, – auch als Anfang einer Kindergarten-Mediothek. Wenn man erlebt hat, wie gebannt und belustigt Kinder reales Hühnergegacker, das vom Tonband eingespielt wird, hören, dann bereut man keine Mühe für die technische Erstellung. Der Eindruck kann durch Fotos oder Dias, die parallel gezeigt werden, noch vertieft werden. Aufgrund der so vermittelten, vorausgehenden Erfahrungen gelingen Klangspiele im Kindergarten.

● Einzelne Kinder ahmen Tierstimmen möglichst differenziert nach. Einige Anregungen, die zur Klang-Differenzierung dienen:

– Es gibt Hunde, die bellen ein tiefes, langezogenes Wau —— —— wau, andere ein hartes, kurzes Wau — — wau (staccato = abgerissen); andere kläffen ganz hell.
– Ein Huhn gackert unterschiedlich, je nachdem, ob es gemächlich Futter sucht oder ein Ei gelegt hat.
– Schweine grunzen, wenn sie sich im warmen Sand wälzen; aber sie können fürchterlich quietschen, wenn sie sich vor dem leeren Futtertrog drängen.

Fahren Sie auf diese Weise fort, auf unterschiedliche Lautgebungen von Tieren aufmerksam zu machen. Es ist erstaunlich, wie abwechslungsreich dann die nachahmenden Lautgebungen durch Kinder sind.

●● Jetzt bauen wir eine Folge von bis zu vier Tierstimmen-Imitationen zusammen. Es werden entsprechend viele Gruppen gebildet, deren jede eine Tierart mit menschlichen Stimmen darstellt. Man wählt am besten solche Tiere, deren Lautgebung vorher von einzelnen Kindern unverwechselbar und einfallsreich imitiert wurden. Die Gruppen verabreden und üben ihren Beitrag zunächst getrennt. Jede Gruppe kann durch ein entsprechendes Tierbild gekennzeichnet sein. Das folgende Klangspiel sollte möglichst von einem Kind geleitet („dirigiert") werden. Das Kind zeigt an, welche Gruppe sich äußert. Nach und nach können die Geräusche auch übereinander gelagert, die Lautstärke also gesteigert und vermindert werden. Bei geschickter Koppelung der Geräusche kann ein interessantes Klangband entstehen. Die Skizze möge dazu anregen.

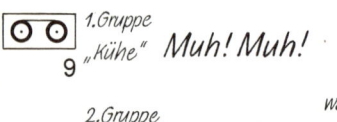

9

1.Gruppe
„Kühe" **Muh! Muh!**   *Muh! Muh!*
Muh! Muh! Muh!
Muh! Muh!

2.Gruppe   *wau wau*
„Hunde"   *Wau Wau*   *wau! wau! wau! wau!*

3.Gruppe   *gack*   *gack!*
„Hühner"   *gack gack*   *gack gack*
gack, gack, gack gack *gack, gack, gack gack*
gack, gack gack   *gack, gack, ga......ck!*

Vergessen Sie nicht, das Ergebnis auf Tonträger aufzunehmen und mit den Kindern abzuhören. Über die Gruppenprozesse, die dann in Gang kommen, wird im Kapitel 2 gehandelt. Vergleichen Sie die eigene „Komposition" auch mit „richtigen" Tierstimmen. Musikdidaktisch gesprochen setzen Sie dann „Hören durch Vergleich" in Gang.

(2) Singen des zweiten Liedteils
Der Erzieher oder ein Kind sagt ein Tier an. Ausgehend von den Tierstimmen-Imitationen unter (1) verabredet man eine Klanggebung, z. B. oi – oi für Schweine, mäh – mäh für Lämmer, muh – muh für Kühe. Der Erzieher singt vor, die Kinder singen nach:

Es macht - - hier, es macht - - da,

- - hier, - - da, - - überall.

Das Singen wird so lange weitergeführt, als uns Tiere auf dem Bauernhof einfallen. Vielleicht fallen Ihnen und den Kindern auch solche ein, die nicht auf jedem Bauernhof leben, z. B. Tauben, Esel, Ziegen.

Während des Vor- und Nachsingens werden „hier" und „da" und „überall" durch Handbewegungen angedeutet, und zwar im Rhythmus der Melodie. Das ist einfacher, als man es mit Worten beschreiben kann. Zeigen Sie mit der Hand und ausgestrecktem Zeigefinger bei „muh, muh *hier*" nach rechts / bei „muh, muh *da*" nach links / bei „muh, muh *hier*" wieder nach rechts / bei „muh, muh *da*" wieder nach links / bei „muh, muh *überall*" im Raum herum; – und das alles im Tempo und Rhythmus des Singens. Vielleicht wird das durch die folgende Skizze noch deutlicher.

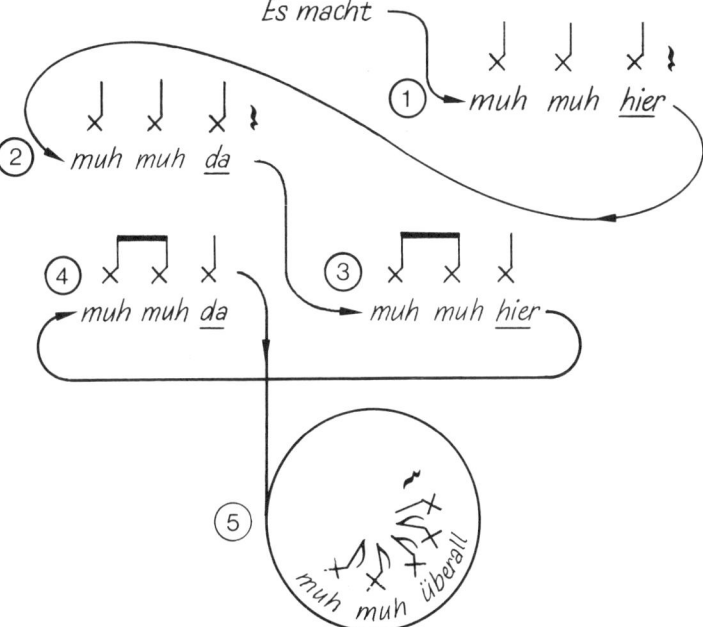

(3) **Singen des ganzen Liedes**
Der Erzieher singt die Strophen an und gibt damit das Stichwort für die im zweiten Liedteil nachzuahmenden Tierstimmen. Die Verabredungen der Stimmklänge aus der Phase (2) werden hier einfließen, die wiederum auf den breiten Klangspielen unter (1) beruhen.

Die rhythmischen Handbewegungen bleiben wie vorher. Falls Sie das Lied nicht kennen, können Sie es auf der Tonkassette hören. Wir haben natürlich nur von einigen der zahlreichen Tierstimmen gesungen.

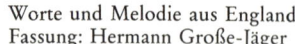

Worte und Melodie aus England
Fassung: Hermann Große-Jäger

A   *1. Onkel Jörg hat einen Bauernhof, hei-a, hei-a, ho.*
Und da lau-fen ein paar Hühner rum, hei-a, hei-a, ho.

B   *Es macht tuk-tuk hier, es macht tuk-tuk da,*

tuk-tuk hier, tuk-tuk da,   tuk-tuk überall.

1. Onkel Jörg hat einen Bauernhof, hei-a, hei-a, ho.
   Und da laufen ein paar Hühner rum, hei-a, hei-a, ho.
   Es macht tuk-tuk hier, es macht tuk-tuk da,
   tuk-tuk hier, tuk-tuk da, tuk-tuk überall.
2. ... Gänse ... gak – gak.
3. ... Schweine ... oi – oi.
4. ... Esel ... ia – ia.

(4) Einfache instrumentale Liedbegleitung
Die *Melodie* hat – wie oben dargestellt – zwei unterschiedliche
Teile. Die folgenden Übungen sind so angelegt, daß man am Ende
den Teil A mit Stabspielen, Teil B mit Holzblocktrommeln und/oder
Handpauken begleiten kann.

● Schlagen Sie in ♩ ♩-Bewegung mit den Kindern in die Hände /
auf den Boden (falls man dort sitzt) / auf den Tisch (falls man davor sitzt) / auf Handpauken. Nach zwei Takten setzt das Singen
ein. Das Notenbild zeigt, was man beim nächsten Hörbeispiel auf
der Kassette hört:

●● Nun wird die Begleitung zweigeteilt. Zu Melodieteil A klatschen (schlagen) wir wie bisher, also im Metrum (Maß) nach den musikalischen Schwerpunkten. Zu Melodieteil B jedoch erklingen Holzblocktrommeln ähnlich dem Rhythmus der Melodie. Sie können das Notenbild mit dem Kassettenbeispiel vergleichen, auf dem A und B unterschiedlich begleitet erklingen:

11

Melodieteil A wie oben.

Melodieteil B:

Sie werden bemerken, daß dieses genau der Rhythmus ist, den wir unter (2) mit der Hand in die Luft gestoßen haben (siehe Skizze Seite 39).

●●● Nun haben wir die rhythmischen Fähigkeiten erarbeitet, um das Lied vielfältig instrumental zu begleiten. Einige Kinder spielen zum Liedteil A auf Stabspielen (Xylophone, Metallophone), andere zum Liedteil B auf Holzblocktrommeln und Klanghölzern; alle singen. Jetzt können die einzelnen Strophen sicher von einzelnen Kindern angesungen werden. Die Spielpartitur zeigt den Ablauf in Noten. Die Stabspiele werden vorher durch Entfernen aller anderen Klangstäbe folgendermaßen vorbereitet:

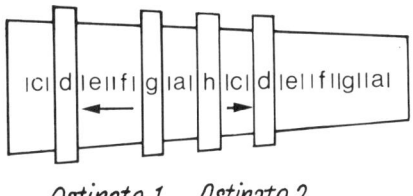

Ostinato 1   Ostinato 2

Achtung! Sie müssen nicht beide Ostinati spielen. Es können sowohl Ostinato 1 allein, Ostinato 2 allein als auch beide zugleich gespielt werden. Der folgende Liedsatz stellt die Abrundung dar; Sie können die Einspielung auf der Kassette bei der Vorstellung des Liedes oben (Tonkassette-Beispiel Nr. 10) hören.

C. Musikdidaktischer Kommentar

(V) Auch mit diesem Lied haben wir – wie schon bei der Liedvermittlung 3 – ein Klangspiel verbunden. Die musikdidaktischen Begründungen ergänzen sich: Beim Lied von den Mäusen und der Uhr bereiten Klangspiele und die Klanggeschichte das Verständnis des Liedinhalts vor. Im Lied von Onkel Jörgs Bauernhof herrschen Tierstimmen-Imitationen vor (ohne sie wäre das Lied witzlos). Durch Klangspiele sorgen wir für akustische Anschauungen als Voraussetzung für ein erlebnisbetontes Singen. Es bestätigt sich das Prinzip der Integration verschiedener musikdidaktischer Teilbereiche, das im Kommentar (III) dargestellt wurde.

(VI) Nachahmungen von Tierstimmen sind ein vorzügliches Mittel der *Stimmbildung.* Die Sprach- und Singwerkzeuge werden gelockert und gefordert; charakteristische Vokal-, Konsonanten- und Tonbildungen werden geübt. Die einzige Voraussetzung dazu ist, daß der Erwachsene eine lockere Spielatmosphäre schafft und klangvoll mitspricht. Lesen Sie dazu auch den Kommentar (IV).

(VII) Auf mehreren didaktischen Stufen dieser Liedvermittlung kommt dieselbe rhythmische Abfolge vor. Es ist jener Rhythmus, der schließlich bei der instrumentalen Liedbegleitung auf den Holzblocktrommeln zu hören ist. Hier zeigt sich ein empfehlenswertes musikdidaktisches Prinzip, nämlich das der Übung desselben Rhythmus in verschiedenen Spielsituationen. In den Phasen (2) und (3) haben wir den Rhythmus in die Luft geschlagen und ihn in der Phase (4) auf die Holzblocktrommeln übertragen. Die rhythmische Genauigkeit nimmt dadurch zu, die Spieler fühlen sich sicherer, und sie haben entsprechend mehr Erfolgsfreude. – Vergleichen Sie dieses Beispiel der Förderung des Rhythmusgefühls mittels Bewegung mit denselben Absichten bei den Liedern 2, 3, 9 und 13.

(VIII) Auch zu diesem Lied wird eine einfache instrumentale Begleitung empfohlen. Viele Kinderlieder können auf Schlaginstrumenten und auf Stabspielen begleitet werden, indem man kurze rhythmisch-melodische Formen – in der Fachsprache: Motive – ständig wiederholt. Der Fachausdruck für diese Art der Begleitung ist *Ostinato.* Das italienische Wort bedeutet hartnäckig, immer dasselbe (ostinat).

Durch ostinate Begleitung läßt sich manches Lied auch durch jüngere Kinder instrumental lustvoll und „schön" gestalten. Wie man Ostinati findet, das gehört zur Melodie- und Harmonielehre. Darum wird dieser Gesichtspunkt hier ausgeklammert. – Für die Praxis ist wichtig: Beginnen Sie mit einem Ostinato, damit man ihn genau hört (siehe z. B. oben Ostinato 1); dann setzt der nächste ein (Ostinato 2). Jetzt erst beginnt das Liedsingen. Bei Spielern und Sängern entwickelt sich so die musikalische Fähigkeit, im gleichen Tempo mit gleichen (Takt-) Betonungen zu musizieren. Dieselbe Art der Liedbegleitung durch ostinates Instrumentalspiel finden Sie bei den Liedern 2, 3, 7, 11, 12 und 13.

6. Der Katzentatzentanz

A. Zum Lied

Der Auslöser für den in diesem Lied erzählten Hergang ist die ein wenig ungewöhnliche Vorstellung, daß eine Katze tanzt, „tanzt und tanzt auf einem Bein". Nacheinander nähern sich ihr der Igel, der Hase, der Hamster und der Hofhund, jeder mit derselben Bitte: „Reich mir deine Tatze!" Die Katze lehnt sie der Reihe nach ab. Der Igel ist ihr zu stachelig, der Hase zu zappelig, der Hamster zu pummelig, und der Hofhund bellt so fürchterlich. (Vielleicht können Sie sich schon jetzt vorstellen, wie Kinder Ihrer Gruppe diese Tiere pantomimisch-gestisch zum Lied darstellen werden – und auch die nächste Tier-Rolle.) Als letzter kommt der Kater. Er weiß, wie man mit einer Katze umgeht. Er leckt ihr „ganz lieb die Tatze, streichelt sie und küßt sie sacht, und schon hat sie mitgemacht. Und dann tanzen sie zu zwein". – Bis hierher verläuft die Liedgeschichte nach einem bekannten Muster: Ablehnung bis der Richtige kommt. Sie erhält jedoch eine besondere Wendung dadurch, daß zum Schluß der Katzentanz aus der Perspektive der Mäuse gesehen wird. Denn die können ohne Angst sein, solange die Katzen tanzen. Das Lied wird also mit einem Katzentatzentanz und mit einem Mäusetanz enden.

Wenn Sie das Lied hören, dann beachten Sie bitte die *Form*
des Textes und die *Abfolge der Melodie.* Stellen Sie an das Lied
folgende Fragen: ● Wie ist die Wortwahl des Textes?
                     ● Wie ist die Melodie gegliedert?

12

Text und Melodie: Fredrik Vahle
Gertraud Middelhauve Verlag, München (Text)
Aktive Musik Verlagsgesellschaft mbH, Dortmund (Musik)

1. Kam der Igel zu der Katze: Bitte reich mir deine Tatze!

Mit dem Igel tanz ich nicht. Ist mir viel zu stachelig!

(Kehrvers) Und die Katze tanzt allein, tanzt und tanzt auf einem Bein.

1. Kam der Igel zu der Katze: Bitte reich mir deine Tatze! Mit dem
   Igel tanz ich nicht. Ist mir viel zu stachelig! Und die Katze tanzt
   allein, tanzt und tanzt auf einem Bein.
2. Kam der Hase zu der Katze: Bitte reich mir deine Tatze! Mit dem
   Hasen tanz ich nicht. Ist mir viel zu zappelig. Und die Katze tanzt
   allein, tanzt und tanzt auf einem Bein.
3. Kam der Hamster zu der Katze: Bitte reich mir deine Tatze! Mit
   dem Hamster tanz ich nicht. Ist mir viel zu pummelig. Und die
   Katze tanzt allein, tanzt und tanzt auf einem Bein.
4. Kam der Hofhund zu der Katze: Bitte reich mir deine Tatze! Mit
   dem Hofhund tanz ich nicht. Denn der bellt so fürchterlich. Und
   die Katze tanzt allein, tanzt und tanzt auf einem Bein.
5. Kam der Kater zu der Katze, leckte ihr ganz lieb die Tatze. Streichelt sie und küßt sie sacht, und schon hat sie mitgemacht. Und
   dann tanzen sie zu zwein über Stock und über Stein.

6. Jede Maus im Mauseloch ruft: Ein Glück, sie tanzen noch.

Zum *Text* stellen wir fest: Die Wortfolge ist in allen Strophen dieselbe. Nur die Tiernamen und die Eigenschaftswörter stachelig, zappelig usw. werden ausgewechselt. Eine leichte Veränderung gibt es in der 4. Strophe, wenn es über den Hofhund heißt: „Denn der bellt so fürchterlich." In naiver Weise haben denn auch manche Kinder gesungen: „Bist mir viel zu bellerig"; – ein schönes Beispiel, wie Kinder sich in Entsprechung zum Textschema der vorhergehenden Strophen Wörter zurechtbiegen.

Im Kehrvers ist der dreifache Gebrauch des Wortes „tanzt" hervorzuheben.

Auch die *Melodie* ist einfach. Man kann bei den Strophen deutlich zwei Melodieteile erkennen. Der Kehrvers wiederholt den zweiten Melodieteil. Dadurch ist er leicht singbar. Die Melodie geht bald ins Ohr.

B. Stufen der Liedvermittlung

Der Text des Liedes ist wörtlich gleich mit dem des Bilderbuches „Der Katzentatzentanz" (Gertraud Middelhauve Verlag Köln 1980). Es liegt deshalb nahe, dieses Lied in Verbindung mit und ausgehend von diesem Bilderbuch zu singen und zu spielen. Der Weg seiner Vermittlung ist dadurch vorgezeichnet. Zuerst wird man das Bilderbuch betrachten. Die oben beschriebene Liedgeschichte, von der sich die Kinder durch das Mittel des Bilderbuches eine innere Anschauung bilden können, wird danach pantomimisch und szenisch dargestellt. Da der Kehrvers den Hergang inhaltlich zusammenbindet und musikalisch bald nachvollzogen wird, kann man ihn sowohl bei der Bilderbuchbetrachtung wie auch während der pantomimischen Darstellung oder bei beiden einführen. Auf jeden Fall ist er den Kindern schon geläufig, wenn in der Phase (3) das Lied als ganzes gesungen, dargestellt und getanzt wird. – Nun zu den Phasen im einzelnen. Beachten Sie auch hier: Nicht alle musikdidaktischen Stufen an einem Tag!

(1) Betrachten des Bilderbuches

Wir wollen hier nicht generalisieren oder gar verbindlich vorschreiben, in welcher Gruppengliederung und in welcher Weise das Bilderbuch betrachtet und die Geschichte erzählt werden sollten. Bestimmend sind die Verhältnisse der jeweiligen Gruppe und die Reaktionen der Kinder.

Es ist jedoch zu beachten, daß im musikdidaktischen Zusammenhang das Bilderbuch zwei Funktionen erfüllt. Es ist zunächst – wie jedes andere Bilderbuch – für die Kinder eine schöne Gelegenheit, eine Geschichte in Bildern zu verfolgen und sie durch die Erzählung des Erwachsenen zu hören, derweil man die Bilder

betrachtet. Sodann soll der Text – aus der Sicht des Erwachsenen –
später zum Lied werden. Daraus folgt:

– Es ist angebracht, den Text wörtlich zu bringen und den Kindern
  Gelegenheit zu geben, ihre Meinung zum Hergang zu sagen und
  auf den Text zurückzufragen.
– Im Gespräch wird die letzte Strophe zu erläutern sein: „Jede
  Maus im Mauseloch ruft: Ein Glück, sie tanzen noch."
– Bei wiederholtem Gebrauch des Bilderbuches lassen sich die
  Strophen verteilt sprechen. Dann beginnt der Erzieher: „Kam der
  Igel (Hase etc.) zu der Katze . . .". Die Kinder antworten: „Mit dem
  . . . tanz ich nicht, ist mir viel zu . . ." Dasselbe mit umgekehrter
  Rollenverteilung.
– Der Kehrvers kann – muß aber nicht – in die Erzählung singend
  eingeflochten werden. Dasselbe gilt vom ersten Vers:

13

Die Geschichte wird dann halb singend, halb gesprochen zum Bilderbuch erzählt.

**(2) Die Bilderbuchgeschichte wird in Pantomime und Tanz über-
setzt**
● Der Erzieher *spricht* den Text der einzelnen Strophen. Er läßt den
Kindern Zeit, sich entsprechend den Stichwörtern im Raum zu bewegen und die Tiere nachzuahmen. Der „Igel" kann z.B. auf allen
Vieren oder mit eingezogenem Kopf und vorgestreckter Nase da-
herkommen. Der „Hase" hoppelt und zappelt selbstverständlich.
Der „Hamster" bläht auf jeden Fall die Backen auf und geht mit
breitbeinigen Bewegungen. – Die Imitationsspiele werden zunächst
gemeinsam gemacht, damit auch gehemmte Kinder mitmachen
und sich freispielen können. Die Feststellung einer Erzieherin
dürfte häufig zutreffen: „Ich habe in meiner Gruppe schüchterne
und gehemmte Kinder, die brauchen zuerst das Spiel mit allen, bevor sie später im Kreis allein auftreten." – Achten Sie auf besonders
treffende Darstellungen. Sie werden später unter (3) wieder aufgegriffen.
●● Alle sitzen, am besten auf dem Boden. Der Kehrvers wird –
eventuell in Erinnerung an das Singen bei der Bilderbuchbetrachtung unter (1) – vor- und nach*gesungen*. Sobald sich das Singen
der Kinder festigt, schlagen sie dazu in Viertel-Bewegungen
♩ ♩ ♩ ♩
✕ ✕ ✕ ✕ auf den Boden, oder sie klatschen in die Hände. Dieses dient als Stütze zum rhythmisch genauen Singen.

●●● Wir bilden einen Kreis. Ein Kind tanzt als „Katze" in der Kreismitte auf einem Bein. Alle singen den Kehrvers. Bei Wiederholungen kann man zwischen verschiedenen Methoden wechseln: (a) Der Erwachsene singt vor, die Kinder wiederholen; (b) Alle singen mit Wiederholung; (c) Eine Gruppe singt vor, alle wiederholen.

Zum gesungenen Kehrvers gehen die Kinder mit leichten Bewegungen – zu denen der Erwachsene durch Vormachen animiert – in Tanzrichtung.

(3) Das ganze Lied wird gesungen und gespielt
Alle stehen im Kreis. Ein Kind tanzt in der Mitte als „Katze" – wie schon unter (2). Der Erzieher singt die Strophen. Parallel dazu spielt jeweils ein Kind das Tier, welches auf die Katze zugeht – Rückgriff auf (2) – und abgewiesen wird. Es tritt in den Kreis zurück, und beim Kehrvers bewegen sich alle mit leichten Bewegungen in Tanzrichtung wie vorher.

Erst der Kater-Spieler, der der „Katze" die Tatze leckt, sie streichelt und küßt, tritt nicht in den Kreis zurück, sondern tanzt mit ihr *zum Kehrvers* zu zweien. Die anderen bewegen sich nicht mehr in Tanzrichtung wie vorher, sondern klatschen zum Katzentatzentanz in die Hände. Während dann die zwei Katzen weitertanzen, gehen alle zur 6. Strophe in die Hocke; jetzt sind sie „Mäuse". Sie legen die Hände rund wie Ferngläser vor die Augen, schauen auf die Katzen und singen: „Jede Maus im Mauseloch ruft: Ein Glück, sie tanzen noch." Dieser Vers wird so häufig gesungen, als es Spaß macht. Die „Mäuse" springen hoch, klatschen in die Hände und tanzen entweder im Kreis oder frei durch den Raum, bis auch der Mäusetanz zu einem Ende kommt. Das Spiel beginnt mit veränderter Rollenverteilung von vorn.

Je mehr das Liedspiel wiederholt wird, um so mehr fallen die Kinder auch in den Strophentext ein, der ihnen ja seit der Bilderbuchbetrachtung immer geläufiger wird. Jetzt sollte man – wenn eben möglich – mit der Gitarre begleiten. Die Akkordbezeichnungen finden Sie im Notenbild.

C. Musikdidaktischer Kommentar

(IX) Was bestimmt den methodischen Weg dieser Liedvermittlung? Es sind drei Faktoren, die das methodische Vorgehen begründen. Aus musikdidaktischer Sicht ist das Bilderbuch das Mittel, welches die Kinder mit dem Lied*inhalt* und zugleich mit der Text*form* des Liedes bekanntmacht. Der Liedinhalt zwingt geradezu, ihn pantomimisch und tänzerisch darzustellen. Die Übersetzung der Geschichte in Pantomime und Tanz in Phase (2) ist die Konsequenz aus der Entscheidung, vom Bilderbuch auszugehen. Dabei wird

schon das Singen des Kehrverses gelernt. Der wiederum leitet über zur dritten Phase, in der das Lied als ganzes gesungen und im Kreis halb pantomimisch, halb szenisch gespielt
wird. – Mit anderen Worten: Der methodische Weg wird bestimmt durch die Struktur des Liedes (das ist das Verhältnis
von Liedinhalt, Textform und Melodie) und der Wahl des
Mittels (Mediums) Bilderbuch.

Diese Feststellung läßt sich verallgemeinern: Der Weg einer Liedvermittlung ergibt sich, wenn man die Struktur des
Liedes und die Fähigkeiten der Kindergruppe in Beziehung
setzt. Je genauer der Erzieher beide kennt, um so sicherer ist
die Wahl der Methoden und Medien. Die Vorbereitung der
Vermittlung und Gestaltung eines Liedes beginnt nicht mit
der Frage: Welche Methode wähle ich?, sondern mit der
Analyse des Liedes, d. h. mit der Vergewisserung über Inhalt,
Form und Aussageabsicht der Texte wie über die musikalische Eigenart der Melodie.

(X) Im voraus läßt sich nur vermuten, wie ein Lied bei Kindern „ankommt". Man kann zwar aufgrund von Erfahrungen Erwartungen äußern. Sie treffen aber nur ein, wenn
annähernd dieselben Voraussetzungen gegeben sind wie in
den Kindergartengruppen, auf die sich unsere Erfahrung bezieht. Ob ein Lied für Kinder von Bedeutung ist, hängt neben der Eigenart des Liedes und des gewählten methodischen Weges entscheidend von der Art und Weise ab, wie der
Erwachsene mit dem Lied umgeht. Für die Selbsteinschät-
zung des Erzieherverhaltens im Kindergarten ist es aufschlußreich festzustellen, ob und wann Kinder ein Lied *nach*
seiner Vermittlung singen oder zu singen wünschen. Halten
Sie für sich fest: Wurde das Lied an den folgenden Tagen im
Zusammenhang mit dem Bilderbuch spontan gesungen?
Wann sonst wurde es gesungen? Welches Kind, welche Kinder wünschten es? Wenn das Lied aus dem Gedächtnis der
Kinder wieder auftaucht: Worauf dürfte das zurückzuführen
sein? – Wahrscheinlich erhalten Sie Hinweise, wieso das Er-
zieherverhalten bestimmend ist für die Bedeutung eines Liedes für Kinder.

7. Zwölf Fenster hat mein Häuschen

A. Zum Lied

Text: Lieselotte Holzmeister
Melodie: Hans Poser
Fidula-Verlag, Boppard/Salzburg

1. Zwölf Fenster hat mein Häus - chen, dort
dort klopfen je - de Stun - de die

(A)

wohnt die lie - be Zeit.
Zei - ger an zu zweit.

Am Morgen bei der Sie - ben, bei

(B)

Zwölf zur Mittags - zeit,

(C)

bei Zwölf zur Mittags - zeit.

1. Zwölf Fenster hat mein Häuschen, dort wohnt die liebe Zeit, dort klopfen jede Stunde die Zeiger an zu zweit. Am Morgen bei der Sieben, bei Zwölf zur Mittagszeit, bei Zwölf zur Mittagszeit.
2. Die Zeiger geh'n im Kreise, der große mäßig schnell, der kleine hat's nicht eilig und steht fast auf der Stell'. Bei Drei ruft er zum Spielen, bei Fünf zur Vesperzeit, bei Fünf zur Vesperzeit.

3. *Der Tag ist bald vergangen, die Zeiger geh'n im Kreis, sind wieder bei der Sieben, der Abend kommt ganz leis'. Nun geht zu Bett, ihr Kinder, bei Acht sagt „Gute Nacht", bei Acht sagt „Gute Nacht".*

Lesen Sie bitte auch den Text mit Bedacht. Es wäre schön, wenn Sie Gelegenheit hätten, mit einer Kollegin oder in der Mitarbeiterbesprechung sich über das Lied auszutauschen. Vielleicht bereitet Ihnen der Text Unbehagen. Mancher Erzieherin und mir selbst erging es so bei der Erprobung. Weshalb überzeugt uns der Text nicht auf Anhieb wie der anderer Lieder?

Man stößt sich daran, daß die Zeit personifiziert wird. Weil sie im Lied Person ist, deshalb „wohnt" die „liebe Zeit" in einem „Häuschen" mit „zwölf Fenstern". Die Sänger bezeichnen dieses Gehäuse als „mein Häuschen". Folgerichtig klopfen auch personifizierte Zeiger – jetzt wird deutlich, daß mit dem Häuschen die Uhr gemeint ist – „zu zweit" an die Fenster. Der große Zeiger geht „mäßig schnell", der kleine „hat's nicht eilig". Die Zeiger „klopfen" nur an einige „Fenster". Es sind jene Stunden, die für Kinder auffällig sind: Die *Sieben* am *Morgen,* / die *Zwölf* am *Mittag,* / die *Drei* zur *Spielzeit,* / die *Fünf* zur *Vesperzeit,* / die *Sieben* am *Abend,* / die *Acht* zum *Einschlafen.* – Auf unseren Uhren wird die volle Stunde an den Ziffern nur vom kleinen Zeiger angezeigt. Der große steht dann immer auf der Zwölf. Der Liedtext ist in dieser Hinsicht ungenau, wenn es heißt: „Dort (bei den Ziffern-Fenstern nämlich) klopfen jede Stunde die Zeiger an zu zweit."

Wie wir sehen, ist der Gedanke, sich die Zeit als Person in einer Wohnung vorzustellen, konsequent durchgehalten. Die Zeit ist domestiziert, „wohnhaft" gemacht und damit seßhaft – obwohl sie doch genau das Gegenteil ist, nämlich fließend, vergänglich. Das dürfte der eigentliche Grund sein, weshalb Erwachsenen der Text nicht ganz behagt. Die Frage ist, ob Kinder die Zeit ebenso empfinden, nämlich als etwas, das für uns (leider) vergeht, uns davonläuft, anstatt daß wir sie „haben". – Und noch eine weitere Frage schließt sich an. In zahlreichen Kinderliedern, wie auch in Märchen und Gedichten, werden Tiere, Sonne, Nebel, Mond, Sterne, Bäume, Pflanzen personifiziert. Warum stört uns das dort nicht? Tiere, Gestirne und Pflanzen sind – zumindest für Kinder und elementar erlebende Menschen – Erscheinungen der Natur, die uns gegeben sind. (Daß „der Mensch" sie erforscht und damit ent-personifiziert, entmythologisiert hat zu der pädagogischen Diskussion geführt, ob diese Weltsicht dann noch erzieherisch verantwortet werden könne, ob Märchen und Lieder dieser Art noch für „Kinder von heute" angemessen sind.)

Die Messung der Zeit jedenfalls durch die Uhr ist eine relativ junge menschliche Erfindung. Sie wird erst wirklich und wirksam durch die Berechnung von Zeitabschnitten mit Hilfe der technischen Erfindungen der Sonnenuhr, der Sanduhr und (als vollkommenste Lösung) der mechanischen Uhren (mit Triebwerken durch Gewichte, Federn, Pendel und der sog. Unruhe). So machen wir die Zeiteinteilung selbst. Die Uhr ist das Ergebnis naturwissenschaftlich-technischen Denkens. Im Lied wird sie auf dieselbe Stufe gestellt wie ein Natur-Ereignis. Das ist es, was uns – die Erwachsenen! – stört. Ich weiß sicher, daß es Kinder nicht stört. Etwas anderes ist, ob es pädagogisch klug ist, ihnen durch das Lied die mythische Sicht von Zeit und Uhr nahezubringen, die offenbar vielen Kindern gefällt. Sie alle wissen, daß Bären, Katzen, Mäuse nicht sprechen können, wenn sie die Lieder von den sieben kleinen Bären, dem Kater Jan und den Mäusen in der Uhr singen. Gerade in dieser Spannung liegt ja der Reiz der Tiergeschichten. Ebenso weiß jedes Kind, daß die Zeit nicht durch Zeiger aus den Fenstern eines Uhren-Hauses gelockt wird. Mit dem Gebrauch dieses Liedes im Kindergarten muß deshalb zwingend eine naturwissenschaftlich-technisch orientierte Beschäftigung mit der Zeit bzw. mit der Uhr verbunden sein. Wenn diese kindnah und naturwissenschaftlich elementar und exakt geschieht, dann sehe ich keine Schwierigkeiten, dieses Lied zu singen und zu spielen.

B. Stufen der Liedvermittlung

Aus den Vorüberlegungen geht hervor, daß das Lied in den Zusammenhang einer didaktischen Einheit Zeit oder Tageszeiten oder Uhr gehört. Es kann nicht zur *Einführung* in eines dieser Themen verwendet werden, weil es Kenntnisse mit Bezug auf den Tagesablauf, die Stunden und die Aufgabe der Uhr voraussetzt. Hier ist nicht der Ort, Wochenpläne oder didaktische Einheiten für den Kindergarten zu skizzieren. In Praxisbüchern zur Vorschulerziehung findet man Arbeitsanleitungen zum Thema „Zeit messen". Wir nennen nur jene Gesichtspunkte, deren Berücksichtigung im Zusammenhang mit dem Lied wichtig sind:

– Die Zeit vergeht. Wir können das bemerken, wenn es morgens hell wird; wenn wir mittags Hunger haben; abends müde sind; wenn es nachts dunkel wird.

– An einer (selbst gebauten) Sonnenuhr kann man ablesen, wie die Zeit vergeht. Durch Kennzeichen, Farben, Figuren lassen sich Zeitabschnitte – die wir ja nicht sehen können – sichtbar machen.

– Erwachsene haben als Hilfe zur Zeitmessung eine Uhr. Sie zeigt, wie die Zeit in Stunden eingeteilt ist. Wir lesen das Vergehen einer Stunde mit Hilfe des kleinen Zeigers ab, demonstrieren, wie der große Zeiger eine Runde macht, während der kleine in derselben Zeit nur von einer Ziffer zur anderen weiterrückt. – Am besten baut man mit den Kindern eine Uhr, an der sich diese Vorgänge handelnd erläutern lassen.

– Gibt es in Ihrem Gruppenraum eine Wanduhr oder gar eine Standuhr? Dann kann man für eine Zeitlang anstelle der Ziffern Bilder aufkleben, die zeigen, was wir zur jeweiligen Stunde im Kindergarten, zu Hause machen.

(1) Spiele, die den Liedinhalt thematisieren

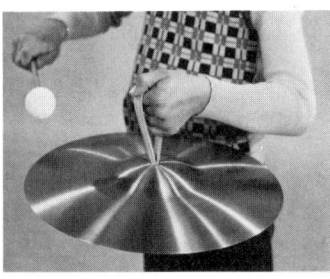

Hängendes Becken

● Zwölf Kinder stehen im Kreis; jedes hat ein Zifferblatt von 1 bis 12 umhängen. Die Uhrzeit wird durch Schläge auf ein hängendes Becken akustisch angezeigt. Ein Kind, welches den großen Zeiger darstellt, läuft einmal im Kreis herum. Ein anderes Kind stellt den kleinen Zeiger dar. Es wandert in derselben Zeit von einem Zifferblatt zum nächsten; der kleine Zeiger steht also „fast auf der Stelle" (2. Strophe). Deshalb ist diese Rolle bei Kindern meistens nicht so beliebt.

• Variante: Man kann die volle Stundenzahl auf einem Metallophon und zusätzlich die halbe Stunde auf einem Xylophon anschlagen.

●● Im Lied werden sechs Uhrzeiten genannt. Die Kinder stellen einzeln, in Kleingruppen oder als Gruppe dar, was wir zu diesen Tageszeiten tun. Sie sind dabei im Raum verteilt. Einer schlägt auf einem hängenden Becken (siehe oben) die jeweilige Stundenzahl. Beispiel: Beckenschlag achtmal. Es ist Zeit zum Schlafengehen. Die Kinder gähnen, sagen „Gute Nacht", legen sich hin. – Verwirrend ist es, wenn das Becken siebenmal schlägt. Ist die Sieben am Morgen oder am Abend gemeint? Das ist ein Anlaß zu verdeutlichen, daß der Tag 24 Stunden hat, die Uhr jedoch zweimal 12 Stunden anzeigt. Die Uhr sagt also nicht, ob es morgens oder abends ist.

Varianten:

– Eine Schnur zum Kreis legen und Ziffern 1 bis 12 gemäß der Uhr verteilen. Ein Kind geht an der Schnur entlang. Auf ein *akustisches* Signal hin bleibt es stehen und „erzählt" durch Gesten, was es zu der angezeigten Stunde tut (z. B. Zähne putzen, mit Puppen spielen).
– Karten mit den Zahlen 1 bis 12 liegen im Kreis. Ein Kind ist in der Mitte. Eine Stundenzahl wird auf dem hängenden Becken oder einer Handtrommel geschlagen. Das Kind geht auf die entsprechende Ziffer zu und spielt, was für die Uhrzeit typisch ist.

(2) Das Lied wird gesungen
Wir greifen auf die Spiele unter (1) zurück. Die im Lied genannten Uhrzeiten werden in der Weise eines der Spiele angezeigt. Die Kinder erinnern sich der für die Uhrzeit typischen Tätigkeiten. In diesem Zusammenhang werden die Strophen – eventuell mehrmals – vorgesungen. Sofern jetzt noch nötig, folgt ein Gespräch über den Liedinhalt.

Die *Liedwiederholung* gelingt am besten angesichts eines selbstgebauten möglichst großen Uhrenhauses mit zwölf Fenstern in der Gliederung des Zifferblattes, das an der Wand befestigt ist oder im Raum steht. In den Fenstern sieht man die Zahlen und/oder Bilder, die Kinder zu den Stundenereignissen hergestellt haben. Das Haus ist eine gute Gedächtnisstütze; mit seiner Hilfe erinnern sich Kinder an den Text. Die Erfahrung zeigt, daß aber auch manche Kinder beim Ansehen des Uhrenhauses während des Freispiels spontan das Lied zu singen beginnen.

(3) Instrumentale Liedbegleitung
Wenn das Lied von den Kindern sicher gekonnt ist, kann man eine instrumentale Begleitung hinzufügen. Dabei muß der Erzieher die Melodie*gliederung* berücksichtigen. Sie hat folgende Teile:

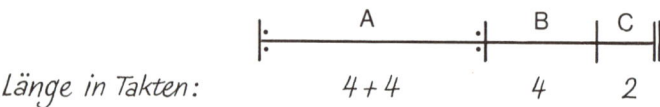

Länge in Takten: 4 + 4   4   2

Vergleichen Sie dazu auch das Notenbild oben. Wenn Sie mit Hilfe der Tonkassette mitsummen, werden Sie erkennen, daß die drei Teile melodisch unterschiedlich sind. Deshalb müssen sie mit unterschiedlichen Ostinati begleitet werden. Sie selbst können das mit Hilfe des Notenbildes oder der Tonkassette üben.

Im Kindergarten sind folgende Aufgabenverteilungen möglich:

(a) Einige Kinder spielen auf Stabspielen den unteren Ostinato, andere den oberen.

(b) Einige spielen auf Xylophonen nur zu A und C, andere auf Metallophonen nur zu B. Diese Besetzung ist auf der Tonkassette zu hören!

(c) Man begleitet nur die Teile A und C; bei B schweigen die Instrumente.

(d) Einige spielen nur den unteren Ostinato.

C. Musikdidaktischer Kommentar

(XI) Das Lied zeigt beispielhaft, daß manche Kinderlieder in den Zusammenhang einer thematischen Planung gehören. Wenn wir nicht ganz fehl gehen, dürfte dieses Lied ursprünglich auch für solche Zwecke gemacht worden sein. Es ist kaum eine Situation außerhalb einer pädagogischen Institution (Kindergarten, Grundschule) denkbar, in der es verwendbar wäre. Sein belehrender Akzent ist auffallend.

Der Zusammenhang von Kinderliedern mit der Planung der Kindergartenarbeit ist graduell unterschiedlich. Einige sind ohne Einbindung in ein übergreifendes Thema kaum denkbar. Andere dagegen sind aus sich selbst verständlich; sie stellen zum geplanten Teil des Kindergartenalltags nicht selten einen willkommenen Kontrast dar. Man kann folgende Beziehungen zwischen Kinderlied und Planung unterscheiden:

(a) Im Lied werden Erfahrungen und Kenntnisse, die durch andere Beschäftigungen mit dem Thema gewonnen werden, zusammengefaßt und in eine andere Ebene gebracht. Das Lied *setzt* eine *anderweitige Behandlung* des Themas *voraus*. Beispiele dafür sind die Lieder 5, 7, 10 und 12.

(b) Das Lied steht in einem *lockeren* Zusammenhang mit einem Planungsthema. Die *Behandlung des Themas* ist *nicht Voraussetzung* der Liedvermittlung, aber angebracht. Beispiele sind die Lieder 3, 8, 13.

(c) Das Lied ist auch *unabhängig von einem übergeordneten Thema* im Verstehensbereich der Kinder. Hierzu gehören die Lieder 2, 4, 6, 9 und 11.

Zur Liedbegleitung durch Ostinato-Spiel beachte den Kommentar (VIII).

8. Das Lied vom Kater Jan

A. Zum Lied

Die Zahl der Tiergeschichten und Tierfabeln für Kinder ist
erstaunlich groß. Die ohnehin bei vielen Kindern vorhan-
dene Tierliebe wird durch Erzählungen noch erhöht, in denen (personifizierte) Tiere im Mittelpunkt stehen. Auch
Lieder erzählen manchmal von Tieren, die etwas erleben.
Wenn Kinder solche Lieder spielen oder als gesungene Erzählung hören, dann können sie mit den Tieren mutig sein
(wie z. B. die sieben kleinen Bären) oder sich eigenwillig geben (wie z. B. die Katze, die auf einem Bein tanzt). Durch Erzählung von Tieren werden Kinder in Situationen versetzt,
die Züge unseres menschlichen Lebens tragen. Es hat gute
pädagogische Gründe, wenn viele Kinderlieder Tiergeschichten sind.

Das Interesse wird meistens durch ein unerwartetes Ereignis ausgelöst. Der ungewöhnliche und lustige Einfall von James Krüss, aus dem die Liedgeschichte vom Kater Jan
geworden ist, besteht darin, sich einen Kater vorzustellen,
der leidenschaftlich gern Käse ißt. Holland ist als traditions-
reiches Land der Käseerzeugung seine Heimat: „Die Mutter
kam aus Amsterdam, aus Rotterdam der Vater." Natürlich
heißt der Kater (holländisch) Jan. Alles weitere ergibt sich
aus der beherrschenden Vorstellung, daß Jan Käse – und
zwar Käse, „der aus Edam kommt" – über alles liebt: Jan
stiehlt Käse und kommt deshalb ins Gefängnis; Jan frißt zu
viel Käse und das Bauchweh kommt hinterher; Jan streitet
auf dem Katzenhochzeitsfest, weil es zu wenig Käse gibt; Jan
träumt im Fieber vom Himmelreich aus Käse. – Neben dem
sympathischen Kater Jan ist eine Eigentümlichkeit der
Sprach*form* besonders angenehm, nämlich der gleichblei-
bende Schluß der Strophen. Die Strophen münden immer in
dieselbe (holländische) Antwort auf alle Fragen: „Edamer
Kaas, Mijnheer!"

Hören Sie sich das Lied an – eventuell mehrmals – und richten Sie Ihre Aufmerksamkeit auf den Inhalt, die sprachliche
Form, die Wortwahl des Textes, die Gliederung der Melodie.

Text: James Krüss
Melodie: Horst Weber:
Fidula-Verlag, Boppard/Salzburg

In Holland, wo die Mühlen stehn, da

lebte Jan, der Ka-ter. Die Mutter kam aus

Amsterdam, aus Rotter-dam der Va-ter.

Den Käse, der aus Edam kommt, den

liebte Jan gar sehr. Man frug ihn: „Jan, was

1.
ißt du gern?" „E-damer Kaas, Mijnheer!"Ja, ja, ja.

2. „E-damer Kaas, Mijnheer!"Ja, ja, ja. 3. „E-damer Kaas, Mijnheer!"

1. *In Holland, wo die Mühlen stehn, da lebte Jan, der Kater. Die Mutter kam aus Amsterdam, aus Rotterdam der Vater. Den Käse, der aus Edam kommt, den liebte Jan gar sehr. Man frug ihn: „Jan, was ißt du gern?" „Edamer Kaas, Mijnheer!" Ja, ja, ja. „Edamer Kaas, Mijnheer!" Ja, ja, ja. „Edamer Kaas, Mijnheer!"*
2. *Die Leidenschaft für Käse war bei Jan fast kriminell. Denn wo er einen Käse sah, verputzte er ihn schnell. Oft saß er schon im Kerker drin und maunzte dort gar sehr. Man frug ihn: „Jan, was stahlst du denn?"*
   „Edamer Kaas, Mijnheer!" ...
3. *Einst lag ein Käse, dick und rund, bei Dortrecht auf dem Deich. Als Kater Jan den Käse sah, verputzte er ihn gleich. Natürlich kam nach solchem Schmaus das Bauchweh hinterher. Man frug ihn: „Jan, was quält dich so?"*
   „Edamer Kaas, Mijnheer!" ...
4. *Zu manchem Katzen-Hochzeitsfest kam auch der Kater Jan. Doch wenn es keinen Käse gab, stritt er mit jedermann. Er grunzte dann und brummte dann und schlich betrübt einher. Man frug ihn: „Jan, was fehlt dir denn?"*
   „Edamer Kaas, Mijnheer!" ...
5. *Als Jan dann krank im Bette lag (und gelb wie ein Chinese,) da träumte er den schönsten Traum vom Himmelreich aus Käse. Er flüsterte: „Das Himmelreich, es lockt mich gar so sehr!" Man frug ihn:*
   „Jan, was gibt's denn da?"
   „Edamer Kaas, Mijnheer!" ...

Es wird Ihnen aufgefallen sein, daß das Lied durch seinen melodischen Ablauf in zwei Teile gegliedert wird. Der erste Teil endet bei der Fermate ⌢. Der zweite Teil schließt mit dem Kehrvers „Edamer Kaas, Mijnheer ..." Dieser kann übrigens mehrstimmig als Kanon gesungen werden. Wir werden bei der Liedvermittlung die Gliederung des Liedes beachten und vom Kehrvers ausgehend mit der Melodie bekanntmachen. Das Lied eignet sich besonders gut zum Vorsingen durch einen Erwachsenen, der die Tiergeschichte erzählend singt, während die Kinder beim Kehrvers jeder Strophe einfallen. Diese Form des Singens sollte in diesem Fall vorherrschend sein. Im Kindergarten müssen nicht alle Lieder von allen auswendig gesungen werden. Man sollte unterscheiden zwischen Liedern, die das Mitsingen aller Kinder erfordern und solchen, die sich zum Vorsingen eignen. Das Lied vom Kater Jan gehört zu den letzteren. Sein Text wäre für viele Kinder zu lang, als daß sie ihn auswendig behalten könnten. Als Vorsingelied jedoch ist es gerade für Kindergartenkinder ein ausgezeichneter Anlaß zum Zuhören.

B. Stufen der Liedvermittlung

(1) Einführung in das Thema und Vermittlung des Kehrverses

● Einige anschauliche Informationen über Holland mittels Rückgriff auf Urlaubserlebnisse, durch Dias, Bilder, Poster. Wie breit sie sind, hängt vom thematischen Zusammenhang ab, in den man das Lied gestellt hat. – Zum Verständnis des Liedtextes sollten jedoch folgende Einzelheiten berücksichtigt werden:

- Mühlen in Holland; sie werden vom Wind gedreht, der fast ständig vom Meer kommt (Windmühlen);
- die Namen einiger Städte, die man z.B. aus dem Urlaub oder durch die Bezeichnung der Käsesorten kennt;
- die Aufgabe der Deiche; sie sind Wälle zum Schutz gegen das Hochwasser des Meeres und der Kanäle.
- Auf jeden Fall muß der holländische Käse ins Blickfeld kommen.

Am besten, man redet nicht über Käse, sondern man probiert ihn. Schmecken und vergleichen Sie mit den Kindern holländische Käsesorten: Gouda-Käse, Edamer, Leedamer, Limburger. Wahrscheinlich fallen Ihnen auch verschiedene Käsezubereitungen ein. Beim Essen kann man am besten verdeutlichen, daß die Käsesorten, die unterschiedlich schmecken, ihren Namen von den Herstellungsorten haben / die Käseformen unterschiedlich sind (groß wie Wagenräder aus Gouda, rund wie Kinderköpfe aus Edam) / es verständlich ist, wenn man von so viel leckerem Käse auch mal zuviel ißt.

●● Beim Käseessen erzählt der Erzieher den Inhalt der ersten Strophe mit eigenen Worten, die sich jedoch am Liedtext orientieren. Ein Beispiel:

Stellt Euch einen Kater vor. (Wenn möglich, Rückbezug auf frühere Katzengeschichten, Katzen-Bilderbücher, Katzenlieder, auch auf Katzen, die in der Nähe des Kindergartens leben.) Der Kater heißt Jan. (Nicht Mizi, Mausi, Pussi wie unsere Katzen.) Jan lebt in einem Land, in dem sich viele Mühlenflügel im Wind drehen. Das Land heißt Holland. „In Holland, wo die Mühlen stehn, da lebte Jan der Kater." Der Wind kommt vom Meer. Er dreht die Flügel der Windmühlen (entsprechende Bewegungen). Und an der Küste gibt es große Hafenstädte; eine Stadt heißt Amsterdam, die andere Rotterdam. Man weiß nicht recht, wo der Kater Jan zur Welt gekommen ist. „Die Mutter kam aus Amsterdam, aus Rotterdam der Vater." Die Leute riefen ihn Jan. Lebte er in Deutschland oder in Österreich, dann würde man ihn Johann oder Hans oder Hansi oder Hansl nennen. (Obacht auf Kinder, die so oder ähnlich heißen! Wenn angebracht, auf Vornamen ausländischer Kinder eingehen.) – Jan hatte eine komische Gewohnheit. Er aß leidenschaftlich gern Käse, suchte überall nach Käse, fraß allen Käse, den er bekommen konnte. „Käse war seine Leidenschaft." Aber es war nicht gleichgültig, welchen Käse er aß. Er war ein Feinschmecker: Nicht

Gouda-Käse, nicht Leedamer, nicht Limburger, sondern „Käse, der aus Edam kommt, den liebte Jan gar sehr. Man frug ihn: Jan, was ißt du gern?" Er antwortete: „Edamer Kaas, Mijnheer!" (sprich Min heer!) So spricht man in Holland. Kaas heißt Käse. Mijnheer bedeutet: Mein Herr.

 ●●● Die Erzählung mündet in den gesungenen Kehrvers. Die Kinder können ihn nach folgendem Ablauf leicht lernen:

17

– Text im *Liedrhythmus* sprechen (alle / in Gruppen / einzeln);
– Erste Zeile singen

E-damer Kaas, Mijnheer!

– Ebenso die beiden anderen Melodieteile singen, jedoch ohne „ja, ja, ja" dazwischen. Beispiel auf der Tonkassette.
– Schließlich wird der Kehrvers ganz mit den Einschüben „ja, ja, ja" gesungen.

(2) Die Liedgeschichte wird ausführlich erzählt

Ähnlich wie im Beispiel unter (1) wird der Inhalt jeder Strophe vom Erzieher ausführlich und genüßlich erzählt. Selbstverständlich werden Einwürfe und Kommentare der Kinder berücksichtigt und einbezogen. Die wichtigsten Wörter des Originaltextes werden umschreibend erläutert, z.B. leidenschaftlich, kriminell, maunzen, Deich. Am Ende des Erzählabschnitts jeder Strophe steht eine Frage: Jan, was stahlst du denn? / Jan, was quält dich so? / Jan, was fehlt dir denn? usw. Die Kinder antworten mit dem *gesungenen* Kehrvers.

(3) Das Lied wird gesungen und dargestellt

● Der Erzieher singt das Lied ganz vor; die Kinder fallen am Schluß jeder Strophe mit dem Kehrvers ein. Nur dann, wenn Sie sich überhaupt nicht in der Lage sehen, das Lied vorzusingen, sollten Sie es von der Kassette einspielen. Für die Kinder ist ein unvollkommener Gesang eines Erwachsenen, wenn er singend erzählt, interessanter als ein durch technische Mittler eingespieltes Lied. – Wenn notwendig, wird jetzt noch einmal über die Geschichte vom Kater Jan gesprochen.

●● Wahrscheinlich werden die Kinder Sie auffordern – auch an den nächsten Tagen – das Lied wieder zu singen. Jetzt kann man es auch während des Freispiels für einzelne singen und nun auch durch technische Mittler einspielen.

●●● Einzelne Szenen werden gemalt oder durch andere Techniken in Einzel- wie in Gruppenarbeit bunt dargestellt. Die Bilder bilden nebeneinander einen Fries an der Wand. Man zeigt auf die

dargestellten Szenen und singt am Bilderfries entlang: Der Kater
Jan zwischen holländischen Windmühlen / im Kerker / mit Bauch-
weh / beim Katzenhochzeitsfest / im Bett mit einem Traum vom
Himmelreich aus Käse.

●●●● Anstelle des Malens der Liedgeschichte empfiehlt sich eine
szenisch-pantomimische Darstellung. Einer spielt Jan im Katzenko-
stüm (schwarzes Turnzeug, spitze Ohren, Schwanz). Einige bilden
eine Kulisse aus einfach gefertigten oder durch Körperbewegung
gespielten Windmühlen, aus Käseschachteln und Käseballen (aus
bemalten Pappkugeln). Beim Katzenhochzeitsfest spielen mehrere
im entsprechenden Kostüm mit. Zur letzten Strophe wird aus
künstlichen Käseballen ein „Käse-Himmel" gezaubert.

Vielleicht haben Sie Kontakt zu Kolleginnen, Fachschülerinnen
oder Eltern, die einfache Instrumente spielen (Orff-Instrumentarium, Blockflöte). Dann läßt sich aus dem Lied vorzüglich eine Lied-
kantate machen. (Noten: Mosaik Nr. 97, Fidula-Verlag Boppard/
Salzburg.) Die Erwachsenen übernehmen den Instrumentalteil,
einer singt die Liedgeschichte wie eine Moritat, und die Kinder stellen sie in Szenen dar. Am Ende jeder Strophe fallen alle ein: Edamer
Kaas, Mijnheer! – Das wäre ein schönes Liedspiel für ein Kindergar-
tenfest oder zum Vorspiel für andere. Lesen Sie dazu auch den
Kommentar (XXI).

C. Musikdidaktischer Kommentar

(XII) Nehmen wir einmal an, das Lied gefällt den Kindern
Ihrer Gruppe. Man merkt es daran, daß sie es sich z. B. zum
Freispiel von der Kassette eingespielt wünschen oder daß sie
auf dem Flur oder im Sandkasten singen: „Edamer Kaas,
Mijnheer!" Worauf wäre die Beliebtheit zurückzuführen?
Vermutlich gibt es zwei Ursachen. Das Lied gefällt aus Zu-
neigung zu einem Tier, das so menschliche Eigenschaften hat
wie der Kater Jan. Ebenso wichtig ist aber auch die Verbindung des Liedes mit Erlebnissen. Darum haben wir empfohlen, es beim Käseessen zu singen, und darum der Vorschlag,
die Liedgeschichte szenisch zu spielen und dazu entsprechende Requisiten herzustellen. Die dabei waren und mitgemacht haben, werden es so schnell nicht vergessen. Warum
nicht? So oft man das Lied singt, wird die angenehme Situation wieder lebendig, in der man es erlebt hat. Fragen Sie sich
selbst, welche Lieder für Sie bedeutsam sind. Sie werden denselben Zusammenhang zwischen Lied und Erlebnis feststellen. Durch Lieder bekommen Erlebnisse eine andere
Dimension; durch Lieder werden sie wiederholbar. – Darum
sollte ein Leitgedanke des Singens im Kindergarten sein:

Verbinde Erlebnisse der Kinder mit Liedern! Verbinde die Lieder mit Erlebnissen!

(XIII) Wir haben das Lied vom Kehrvers ausgehend erschlossen. Sie können dieses Vorgehen zur musikdidaktischen Regel machen für alle Lieder mit Kehrvers (Kehrreim, Refrain). Was spricht dafür? Wenn Kinder den Kehrvers *vor* dem Bekanntwerden mit dem ganzen Lied singen können, werden sie ihn schon bei der Darbietung jeder Strophe mitsingen. Dadurch wird ihre Aufmerksamkeit unwillkürlich auf die vorgesungenen Strophen gerichtet, weil sie ja an der „passenden" Stelle singend einfallen müssen. Sie hören also viel intensiver zu, als wenn ihnen das Lied von Anfang bis Ende vorgesungen würde, ohne daß sie tätig werden können. Können sie jedoch bei jeder Strophe den Kehrvers mitsingen, dann entsteht ein Wechsel von Hören (auf die Strophe) und Singen. Beides wird bewußter, konzentrierter, lebendiger. Nicht selten bemerkt man es im Gespräch, das auf die gesungene Lied-Darbietung folgt. – Vergleichen Sie zur Erschließung vom Kehrvers aus auch die Lieder 2, 3, 4, 5, 6 und 10.

9. Der Müller hat ein Mühlenhaus

A. Zum Lied

Das Lied ist beliebt und originell, weil man es mit Mimik und Gesten spielen kann. Der Text spricht zwar von Handwerkern; es handelt sich deshalb aber nicht um ein Handwerkerlied. Müller, Bäcker, Schlachter und Bauer, aber auch die Henne kommen vor, weil sich ihre Handlungen am besten zu einfallsreichen Bewegungen eignen. Zu jeder Strophe muß man zwei typische Körperbewegungen oder Gesten einschließlich Mimik machen. Damit nicht genug. Die Gesten zu den einzelnen Strophen werden wie Kettenglieder aneinandergehängt, so daß die Sing- und Bewegungskette immer länger wird. Je länger die Kette, um so mehr wächst die Spannung. Sie löst sich am Schluß in dem Ruf: „So sieht unsere Wirtschaft aus!"

Sollte Ihnen das Lied nicht geläufig sein, so eignen Sie es sich am besten in zwei Schritten an. Sofern Sie die Tonkassette benützen, hören Sie zunächst so oft zu, bis Ihnen Melodie und Text geläufig sind. Singen Sie mit und achten Sie insbesondere auf den Klang der Wortsilben, die wiederholt werden. Die Konsonanten wechseln je nach Wortwahl, z. B. **wi** – **wa** – **we**iße **W**ecken / **Stri** – **Stra** – **St**reuselschnecken. Die Folge der ersten beiden Vokale bleibt jedoch in allen Strophen gleich, z. B. **fi** – **fa** – / **Schi** – **Scha** – / **bi** – **ba** – / **li** – **la**. Das erleichtert – nicht nur Kindern – das Mitsingen. Wenn man das Stichwort aufgefaßt hat (z. B. laut Geschrei), kann man sofort weiter mitsingen (li – la – laut Geschrei). So lernen wir die Sing- und Spielregel durch Mittun, nicht durch Erklärung! – Versuchen Sie dann, zu den Strophen je zwei Gesten zu erfinden, die man während des Singens im Takt und Tempo der Melodie spielt.

Als Anregung sind unten Vorschläge neben die Strophentexte geschrieben. Die Spielfassungen ließen sich Horst Weber und Heinz Lemmermann einfallen.

Text nach Paula Dehmel,
Melodie: Adolf Lohmann
Christophorus-Verlag, Freiburg

1. *Der Müller hat ein Mühlenhaus,*
    Mi- Ma- Mühlenhaus,
        (Arme vor der Brust kreuzen wie Windmühlenflügel
        und im Takt hin und her bewegen.)
    kommt Korn herein und Mehl heraus,
    Mi- Ma- Mehl heraus.
        (Rücken im Takt auf und niederbeugen, wie wenn
        man einen schweren Sack trägt.)
    Mühlenhaus – Mehl heraus:
    so sieht unsre Wirtschaft aus.

2. *Der Bäcker, der backt weiße Wecken,*
    wi- wa- weiße Wecken,
        (Mit beiden Händen durch hohle Handflächen Wek-
        ken (Brötchen) anzeigen und Hände im Takt dre-
        hen.)
    braunes Brot und Streuselschnecken,
    Stri- Stra- Streuselschnecken.
        (Eine Hand flach hinhalten. Mit der anderen Hand
        Spiralen wie Streuselschnecken in die Handfläche
        malen.)
    Weiße Wecken – Streuselschnecken –
    Mühlenhaus – Mehl heraus:
    so sieht unsre Wirtschaft aus.

3. *Der Schlachter schlacht' ein feistes Schwein,*
    fi- fa- feistes Schwein
        (In die Luft die Umrisse eines dicken Schweines ma-
        len.)
    und pökelt Speck und Schinken ein,
    Schi- Scha- Schinken ein.
        (Mit der Hand im Takt auf das eigene Hinterteil
        schlagen.)
    Feistes Schwein – Schinken ein –
    weiße Wecken – Streuselschnecken –
    Mühlenhaus – Mehl heraus:
    so sieht unsre Wirtschaft aus.

4. *Der Bauer hat 'ne bunte Kuh,*
    bi- ba- bunte Kuh.
        (Mit beiden Händen Hörner am Kopf andeuten.)
    die gibt uns Milch und Butter dazu,
    Bi- Ba- Butter dazu.
        (Abwechselnd mit beiden Händen im Takt Melkbe-
        wegung machen.)
    Bunte Kuh – Butter dazu –
    feistes Schwein – Schinken ein –
    weiße Wecken – Streuselschnecken –
    Mühlenhaus – Mehl heraus:
    so sieht unsre Wirtschaft aus.

5. Die Henne macht ein laut Geschrei,
    li- la- laut Geschrei,

        (Hände zusammenlegen und im Takt auf- und zu-
        klappen wie einen Schnabel.)

und legt dabei ein frisches Ei,
    fri- fra- frisches Ei.

        (Zeigefinger und Daumenspitze zusammenlegen
        und so ein Ei in die Luft malen.)

Laut Geschrei – frisches Ei –
    bunte Kuh – Butter dazu –
    feistes Schwein – Schinken ein –
    weiße Wecken – Streuselschnecken –
    Mühlenhaus – Mehl heraus:
so sieht unsre Wirtschaft aus.

B. Stufen der Liedvermittlung

(1) Gestisch-pantomimische Spiele, die zum Lied hinführen

● Der Erzieher macht eine Geste vor; die Kinder erkennen –
manchmal müssen sie auch wohl raten –, was gemeint ist. Die
durch Gesten dargestellten Situationen müssen nicht im Zusammenhang mit dem Lied stehen. Denken Sie an typische Körperhal-
tungen beim Angeln, beim Autofahren, beim Blumengießen, beim
Schwimmen, beim Nachdenken, beim Gähnen. Mit Phantasie läßt
sich von zahlreichen Lebenssituationen durch Gesten und Mimik
wortlos „erzählen". Selbstverständlich machen bald auch einzelne
Kinder vor.

●● Kurz vor der Sättigung mit dem obigen Spiel führen wir einige
Körperbewegungen vor, die später während des Liedsingens gebraucht werden, hier jedoch noch ohne Text. Die Windmühle wird
am ehesten erkannt. Es wird einigen Spaß geben, weil nicht alle Gesten (ohne Worte) eindeutig sind. Das gerade fördert die Spielatmosphäre.

(2) Singen und Spielen der Strophen

● Der Erzieher *spricht* den ersten Teil der ersten Strophe (also
nicht die späteren Kettenglieder!) im Rhythmus der Liedmelodie
und macht die entsprechenden Bewegungen:

Der Müller hat ein Mühlenhaus, Mi-, Ma-, Mühlenhaus,
kommt Korn herein und Mehl heraus, Mi-, Ma-, Mehl heraus.

Das Tempo ist den Fähigkeiten der Kinder angepaßt. Sie sprechen
und machen zugleich die Bewegungen nach. Man wird diesen Vorgang mehrmals wiederholen.

●● Mit den weiteren Strophen verfahren wir genauso wie bei der ersten Strophe. Immer sind rhythmisches Sprechen und Gesten parallel.

●●● Nun kann man jede Strophe vor- und nach*singen,* wenn nötig mehrmals. Dabei werden die Gesten wie oben sofort mitgemacht. Auch hier das Tempo der Gruppe anpassen! Es macht auch nichts, wenn es zunächst einiges Durcheinander gibt. Man darf nicht vergessen, daß das Liedspiel nur bei spielerischer Konzentration aller gelingt. Der Erzieher sollte keine Hemmungen haben, durch rhythmisch eindeutige Gesten zu führen. Bei „So sieht unsre Wirtschaft aus!" kann man mit erhobenem Zeigefinger eine markante Bewegung machen.

●●●● Wiewohl man schon beim Singen ahnen kann, was der Strophenschluß meint (zumal, wenn eine entsprechende Geste gemacht wird), so wird doch das Wort „Wirtschaft" erläutert. Wir haben überlegt, ob man statt dieses Wortes, dessen umgangssprachliche Bedeutung sich auf Gasthaus, Gastwirtschaft, Kneipe verengt hat, ein anderes verwenden könne. Wir fanden keines. Man wird den Begriff des Wortes erweitern auf Orte, an denen gearbeitet wird. Mit dieser Bedeutung sprechen wir von Landwirtschaft, Forstwirtschaft, Bauwirtschaft. Statt „Mutter arbeitet in der Küche" kann man sagen „Mutter wirtschaftet in der Küche". Im Zusammenhang mit dem Lied meint es: So geht es bei uns zu.

(3) **Wiederholungen, Erweiterungen**

● Aus fast allen Erprobungsgruppen wurde berichtet, daß die Bewegungen zum Lied der größte Spaß sind. Da der Textinhalt durch die Gesten sehr plastisch wird und die Stichwörter durch die Vokalveränderung einiger Wortsilben wiederholt werden, bereitet es den meisten Kindern wenig Schwierigkeiten, die Strophen zu behalten. Man darf damit rechnen, daß dieses Lied gern wiederholt wird.

●● Die Strophenkette kann durch eigene Einfälle, die man zu weiteren Strophen formuliert, erweitert werden. Manchmal geben Kinder beachtenswerte Hinweise, die der Erwachsene zusammen mit ihnen in eine passende sprachliche Form bringt. Zur Ermutigung hier einige Beispiele aus Kindergartengruppen:

– Der Kasper, der sing: Seid ihr da? Si-, Sa-, Seid ihr da?
Die Kinder rufen laut: Hurra, li-, la-, laut Hurra.
Seid ihr da? Laut Hurra! Laut Geschrei – frisches Ei …

– Der Peter hat ein liebes Schaf, li-, la-, liebes Schaf,
von dem man Wolle stricken darf, stri-, stra-, stricken darf.
Liebes Schaf – stricken darf – Seid ihr da? – Laut Hurra!
Laut Geschrei – frisches Ei …

●●● Bald wird die Kette so lang, daß man die einzelnen Glieder kaum noch behalten kann. Da hilft ein einfaches Mittel. Auf einer langen Tapete, die an einer Wand herunterhängt, werden die Situationen (Strophen) durch Bilder – die die Kinder gemalt haben – oder durch Symbole *von oben nach unten* dargestellt. Beim Singen und Spiel der Reihe „liest" man dann an den Bildern (Symbolen) entlang rückwärts *von unten nach oben,* eventuell mit Hilfe eines Zeigestocks.

●●●● Schließlich läßt sich ein rhythmisches Sprachspiel (an einem folgenden Tag!) anschließen. Der Erzieher sagt rhythmisch ein Stichwort, die Kinder antworten mit rhythmisch gesprochenen Wortsilben. Beispiele:

20

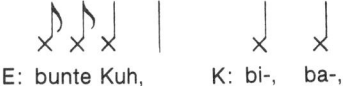

E: bunte Kuh,   K: bi-,   ba-,   bunte Kuh.
liebes Schaf,   li-,   la-, liebes Schaf.

Erweiterung: Man bildet zwei Gruppen, die rhythmisch (ohne Pause!) nacheinander sprechen. Die Antworten können auch durch verschiedene Schlaginstrumente begleitet werden.

C. Musikdidaktischer Kommentar

(XIV) Das Charakteristikum dieses Liedes ist die Gleichsetzung von Gesten und Singen. Dieses ist offenbar die Ursache, warum es Kindern wie Erwachsenen Freude macht. Unter musikerzieherischem Aspekt ereignet sich folgendes: Ich äußere singend einen Hergang (z. B. Henne legt mit lautem Geschrei ein frisches Ei) mittels einer Melodie mit bestimmtem Takt und Rhythmus in einem bestimmten Tempo. Parallel dazu zeige ich durch bezeichnende Körperbewegungen (Gesten) den Inhalt nach; er wird dadurch anschaulicher. Die Körperbewegungen sind jedoch ebenso wie auf den Inhalt auf den Takt und den Rhythmus und das Tempo der Melodie bezogen; ich freue mich, wenn meine Bewegungen mit ihnen übereinstimmen. Ich mache die angenehme Erfahrung, daß mein (Rhythmus-) Gefühl „stimmt". (Dasselbe freudige Gefühl erleben Sie beim Tanzen, wenn Ihnen die Tanzfiguren synchron mit Tempo, Takt und Rhythmus der Musik und – das kommt im Unterschied zum Lied hinzu – gemeinsam mit dem Tanzpartner gelingen. Man bemerkt es negativ dann, wenn man sich „auf die Füße tritt", also nicht „taktvoll" ist.)

Lösen wir die musikdidaktische Komponente als Ziel heraus, dann würde sie lauten: Förderung des rhythmischen Gefühls. Sie wird durch Bewegungen erreicht, die mit Liedinhalten im Spiel verbunden sind. Das ist typisch für elementare Musikerziehung! Auf weitere Methoden zur Förderung des rhythmischen Gefühls weisen die Kommentare (II) und (VII) hin.

(XV) Das Problem, sich an viele Strophen zu erinnern, stellt sich bei diesem Lied nicht so sehr wie bei anderen, da die Gesten auch gleich Vorgänge und damit den Text assoziieren. Trotzdem erleichtert eine bildhafte Darstellung die Erinnerung. Zum musikdidaktischen Stichwort „Texterinnerung von Kindern, die nicht lesen können" siehe Kommentar (XX).

10. Der Schaffner hebt den Stab, jetzt fährt der Schnellzug ab

A. Zum Lied

Der Anlaß des Liedes ist die Vorstellung von einem Eisenbahnzug, der von einer schnaufenden Dampflokomotive gezogen wird. Das Lied entstand vor etwa dreißig Jahren. Damals gehörten Dampflokomotiven noch selbstverständlich zum Erfahrungsbereich der meisten Kinder. Inzwischen ist dieser Lokomotivtyp auf fast allen Strecken durch elektrische Lokomotiven ersetzt worden. Dampfloks sind nur noch für Hobbysammler, als Ausstellungsstücke oder als Fremdenattraktionen zu „romantischen Eisenbahnfahrten" interessant. Die Erfahrungen von Kindern mit Bezug auf Eisenbahn und Lokomotiven haben sich verändert. Die E-Lokomotiven ziehen die Züge zwar ebenso wie die alten Dampfloks. Aber einige Vorgänge gibt es nicht mehr, die für das Eisenbahn-*Spiel* der Kindergenerationen seit der Erfindung der Dampfeisenbahn in der ersten Hälfte des 19. Jahrhunderts bestimmend waren. Verschwunden sind die *sichtbare* Bewegung der Kolben, welche den schneller und langsamer werdenden bzw. gleichbleibenden Antrieb der Räder erkennbar machen – Vorbild für die abwechselnden Armbewegungen im Spiel – und die Dampfgeräusche, die das wechselnde Tempo auch *hörbar* machen – im Spiel durch Stimmgeräusche nachgeahmt. Damit sind in der Alltagsrealität zwei Anlässe für ein Eisenbahnspiel durch Nachahmung nicht mehr gegeben.

Für den Erzieher gibt es mit Bezug auf Einführung und Spiel des Liedes vier Möglichkeiten. (a) Man verändert den Text so, daß er unserer Erfahrung entspricht. Ich habe mich in den folgenden Arbeitsvorschlägen dafür entschieden. (b) Man nimmt die Erstfassung und erklärt – auch unter Einsatz von Bildern und Geschichten –, wie es zu Zeiten der Dampflokomotiven war. Für Kinder ist das eine Erfahrung aus zweiter Hand. Ich halte auch sie für legitim, schon deshalb, weil wir in vielen vergleichbaren Situationen ähnlich verfahren müssen. Damit der Leser zwischen beiden Wegen wählen kann, ist unten auch der Originaltext angeführt. (c) Man legt das Lied beiseite. Das wäre schade wegen des originellen Einfalls und der gestaltvollen Melodie. (d) Man kümmert sich nicht um die alltäglichen Erfahrungen und singt und spielt, als ob sich nichts verändert hätte. Dem sind mehrere Argumente entgegenzuhalten. Zunächst würde ein solches Vorgehen dem Grundsatz widersprechen, daß die kindlichen Erfahrungen der Bezugsrahmen der Kindergartenpädagogik sind. Der Erzieher würde bald merken, daß bei Vernachlässigung dieser Erfahrungen die Lust am Singen schwindet. Kinder haben (glücklicherweise) ein feines Gespür dafür, „ob wir bloß singen sollen", oder ob das Liedsingen eine Perspektive hat, die über das Singen als Beschäftigung hinausweist. Diese Perspektive gewinnt es durch Bezug zu dem, was im Alltag des Kindes von Bedeutung ist. Leider ist die Meinung, Liedersingen sei eine gute Beschäftigungsart für Kinder (also ohne eigentlichen Bildungswert), *außerhalb* des Kindergartens weit verbreitet. Sie würde durch Liedspiele, die die Alltagsrealitäten ignorieren, verstärkt.

In den Strophen werden zuerst die Lokomotive, dann die verschiedenen Wagentypen angesprochen: Kohlenwagen (falls man Dampflok wählt), Gepäckwagen, Personenwagen, Speisewagen, Schlafwagen; aus dem letzten Wagen winken wir zum Abschied.

Falls Sie die Tonkassette benützen, versuchen Sie beim Hören herauszufinden, welche *Form* die Melodie hat, denn sie ist für das Spiel des Liedes wichtig.

Text und Melodie: Wilhelm Bender
Verlag für deutsche Musik Robert Rühle KG, München

1. Der Schaffner hebt den Stab. Jetzt fährt der Schnellzug
(Erstfassung:... das Züglein...)

ab. So faßt euch an! So faßt euch an! Wir

fahren mit der Eisenbahn, der Eisenbahn!

1. Der Schaffner hebt den Stab.
   Jetzt fährt der Schnellzug ab.
        (Erstfassung:... das Züglein...)
   So faßt euch an! So faßt euch an!
   Wir fahren mit der Eisenbahn, der Eisenbahn!

2. Nun schnauf, Maschine, schnauf!
   Es geht den Berg hinauf.
        (Erstfassung: 3. Der Kohlenwagen schwer,
                        der rumpelt hinterher.)

3. Der erste (zweite) schleppt's Gepäck,
   die Koffer und die Säck.

4. Im zweiten (dritten) ist's bequem,
   da fahrn wir angenehm.

5. Im roten hinterdrein,
   da schmeckt das Essen fein.

6. Im blauen seid fein still,
   weil alles schlafen will.

7. Jetzt kommt der letzte dran.
   Ich winke, was ich kann.

Die *Melodie* ist deutlich in zwei Teile gegliedert. Die ersten vier Takte umfassen die Strophenmelodie. Der Kehrvers ist sechs Takte lang. Er wird in allen Strophen gleich gesungen:

„So faßt euch an! Wir fahren mit der Eisenbahn." Dieser ist der wichtigste Teil für ein Bewegungsspiel.

B. Stufen der Vermittlung

Aus den vorhergehenden Überlegungen möge deutlich werden, wie wichtig kindliche Erfahrungen und Erlebnisse sind, die im Lied ihren Ausdruck finden. Im Zeitalter des Automobils kann man nicht bei allen Kindern voraussetzen, daß sie schon einmal oder doch in der letzten Zeit mit der Eisenbahn gefahren sind. In der Kindergartengruppe sind die diesbezüglichen Voraussetzungen individuell zu erkunden und zu berücksichtigen, bevor das Lied eingeführt und gespielt wird. Wenn man das Lied in Planungseinheiten wie „Verkehr" oder „Urlaub" einbettet, werden sie sich zwangsläufig ergeben.

(1) Geräusche auf dem Bahnhof
Ein Einstieg über Geräusche, die man auf dem Bahnhof hören kann, erfüllt zugleich zwei Funktionen: Er weckt Erinnerungen an Eisenbahnfahrten, und er fördert das hörende Unterscheiden. Die Hörbeispiele werden durch Tonträger eingespielt. Ideal sind Tonbandcollagen, die man selbst herstellt aus eigenen Aufnahmen und von Schallplatten. Gute Beispiele bietet die Schallplatte Fono Nr. 648401 (Bahn und Straße).
Was kann man mit Hilfe von Tonträgern hören?

– Die *Ansagen* über Lautsprecher mit verschiedenen Stimmen. Eine Männerstimme sagt die Einfahrt der Züge an sowie Anschlußverbindungen. Ein Gong ertönt; dann eine Frauenstimme: „Bitte zurücktreten. Türen schließen selbsttätig."
– *Stimmengewirr* vieler Menschen auf dem Bahnsteig.
– *Pfeifen* des Aufsichtsbeamten oder des „Schaffners". (Er heißt heute Zugführer. Beachte die Ansage: „Zugführer achtzehndreizehn – Zugaufsicht übernehmen!")
– *Geräusche* von anfahrenden, abfahrenden Zügen; Quietschen von Bremsen.

Die Kinder erkennen die jeweiligen Situationen an den Geräuschen. Zugleich assoziieren sie Einzelheiten, „als ich einmal mit der Bahn fuhr". Das sind Anlässe für Gespräche im Kreis über Vorerfahrungen. Nur wenn das Einspielen von Geräuschen völlig unmöglich ist, werden die Situationen aus der Erinnerung simuliert.

(2) Einführung des Kehrverses
Der Kehrvers wird während eines Eisenbahnspiels vermittelt. Die Kinder bilden mehrere Stationen, an denen sie als Fahrgäste warten. Der Erzieher oder ein Kind spielt Lokomotive, die von einer Station zur anderen fährt. Dabei können Fahrgeräusche mit dem Mund nachgemacht werden, entweder Zischgeräusche (wenn Dampflok)

„sch, sch" oder Rädergeräusche „tschke-tschke". Je nach Bewegung im Raum werden die Stimmgeräusche schneller – langsamer, lauter – leiser. Der Erzieher singt an jeder Station den Kehrvers „So faßt euch an ..." Ein oder zwei Kinder hängen sich an die „Lokomotive" an. Diese fährt im Bogen zur nächsten Station, usw. Auf diese Weise entsteht ein Zug mit Lokomotive und Eisenbahnwagen; der Kehrvers kommt ins Ohr. – Es ist selbstverständlich, daß bei den nächsten Durchgängen jeweils andere Kinder die Wagen bilden. Alle kommen ins Spiel und können mehr und mehr den Kehrvers mitsingen.

(3) Darbietung und Gestaltung des Liedes

● Der Erzieher singt das ganze Lied; die Kinder singen zu jeder Strophe den Kehrvers mit. Sie können zwischen zwei Möglichkeiten wählen oder beide hintereinander praktizieren.

(a) Alle sitzen beim Vor- und Mitsingen im Kreis. Vorteile: Das Gehör ist ganz auf das vorgesungene Lied gerichtet. Die Zuhörer stellen sich den Inhalt innerlich vor. Hören und Mitsingen wechseln.

(b) Während des Singens bewegen sich Kinder im Raum, und zwar so, wie es die Strophen sagen: Zuerst eine „Lokomotive", dann hängt sich der „Gepäckwagen" an, usw. Vorteile: Das Singen wird mit Bewegung verbunden. Für manche wird der vorgesungene Liedinhalt deutlicher. Nachteil: Mehrere Aktionen zugleich, nämlich hören, singen, sich bewegen bzw. zuschauen.

●● Die weniger bekannten Wagentypen – Gepäckwagen, Speisewagen, Schlafwagen – werden durch Poster, Reiseprospekte, Dias (der Bundesbahn) und im Gespräch unter den Gesichtspunkten Größe, Farbe, Raumaufteilung, Gebrauchszweck verdeutlicht. Anschließend malen die Kinder – eventuell in Gruppen – die Wagentypen in einer einheitlichen Bildgröße.
Aus den Bildern wird ein Wandfries hergestellt.

●●● In der folgenden Zeit wird das Lied gesungen, während Kinder am Wandfries entlang auf die Bilder zeigen. Nach und nach singen sie mit Hilfe der Anschauung den Text der Strophen mit.
●●●● Begleitung des Singens mit dem gleichbleibenden Rhythmus auf Schlaginstrumenten (z.B. Handpauken, Rasseln). Der Rhythmus wurde bei der Einspielung ab der 2. Strophe verwendet. Beachten Sie, daß er ostinat *vor* jeder Strophe einsetzt.

Unser Zug hat viele Wagen (Wandfries).

C. Musikdidaktischer Kommentar

(XVI) Am Beispiel dieses Liedes lassen sich gut die Probleme der Entstehung und der Geschichte von Kinderliedern studieren. Erwachsene beobachten, daß die Eisenbahn kindliche Neugier weckt. Für das Spiel interessiert an der Eisenbahn besonders, was sich nachahmen läßt (Geräusche, Bewegungsabläufe). Diese Spontanreaktionen von Kindern werden aufgegriffen, in eine einfache Textgeschichte gebracht und mit einer Melodie versehen, deren Kehrvers zum Spiel auffordert: „So faßt euch an!" – Das Lied ist so lange brauchbar, als die zum Nachahmungsspiel motivierenden Erscheinungen vorhanden sind. Verschwinden sie – in diesem Fall die Dampflokomotive –, kommen Erzieher in Schwierigkeiten, weil das Lied nicht mehr, zumindest nicht mehr exakt, dem Erfahrenshorizont der Kinder entspricht. Hier wird die Schwierigkeit mit allen „alten" Kinderliedern sichtbar, selbst wenn sie wie dieses erst eine Menschengeneration alt sind. Leider versucht man meistens, durch eine Gegenüberstellung „alter" und „neuer" Kinderlieder weiter zu kommen. Das ist unfruchtbar, denn weder sind „alte" Kinderlieder von vornherein unaktuell, noch sind alle „neuen" kindgemäß. Ich verweise auf die Kernfrage unter 1 (vgl. S. 9ff.), die an alle Lieder im Kindergarten – unabhängig von ihrem Alter! – zu stellen ist: Welcher Aspekt von „Welt" spiegelt sich im Lied so, daß er für Kinder heute im Spiel erfahrbar werden kann? Die Antwort findet man durch geduldige Befragung des Textes und der Liedmelodie und ihre Inbezugsetzung zu den eigenen pädagogischen Absichten.

(XVII) Wie schon beim Lied von Onkel Jörgs Bauernhof stellen wir auch hier fest, daß eine Mediothek mit Sammlungen von Geräuschen, Geräuschkollagen und Tonbeispielen hilfreich wäre, die man immer einmal wieder und in allen Gruppen eines Kindergartens gebrauchen kann. Der Aufbau einer solchen Sammlung erspart zeitraubende Erstellung von Materialien durch die einzelne Erzieherin und macht eine lebendige Hörerziehung erst möglich.

(XVIII) Auch dieses Lied wurde – wie im Kommentar (XIII)

Speisewagen   Schlafwagen

beschrieben – vom Kehrvers ausgehend erschlossen. Wenn man die Liedeinführungen von Sieben kleinen Bären / Gestern an der Haltestelle / Onkel Jörg hat einen Bauernhof / Kater Jan unter diesem Gesichtspunkt vergleicht, dann wird einsichtig, daß trotz gleicher Methode bezeichnende Unterschiede des Vorgehens bestehen, nämlich in der Art und Weise, wie der Kehrvers als solcher eingeführt wird. Durch diese Varianten schützt man sich und die Kinder vor der Langeweile einer Einheitsmethode.

11. Das Lied vom dicken Mann aus Schnee

A. Zum Lied

Wie kommt der Schneemann in das Lied? Was hat überhaupt ein Schneemann mit dem Singen von Kindern zu tun? – Irgendein Gebilde aus Schnee, das irgendwo steht, würde für sich gesehen keinen Bezug zu der menschlichen Äußerung durch Singen haben. Wenn uns aber das Bauen und die Fertigstellung eines Schneemanns *erfreut* haben, dann ist ein Schneemannlied wichtig. Durch ein Lied nämlich können wir ausdrücken, was wir zuvor erlebt haben. Mit anderen Worten: Die Beeindruckung durch das Bauen eines Schneemanns wird durch das Mittel des Liedes wieder nach außen gegeben und dadurch vertieft.

Das hier empfohlene Lied ist dazu besonders geeignet. Sein Text spricht mit treffenden und einfachen Worten die Stimmungslage von Kindern im Winter aus. Ein dicker Mann steht vor dem Haus; „der ist aus Schnee gemacht". Offenbar sind die, die das sagen, *im* Haus, und der Schneemann ist nahe bei ihnen. Wieder einmal – wie auch bei den Tierliedern – wird eine Naturerscheinung personifiziert. Der Mann lacht. Ein Topf in der optimistischen blauen Farbe ist sein Hut, „und der gefällt ihm gut". Dieser Schneemann ist nicht irgendwer, er ist „unser Schneemann". Ohne es in Worten zu formulieren, bringt das Lied zum Ausdruck, daß die Sänger selbst den Schneemann gebaut haben. Das ist ein unübersehbarer Hinweis auf den Ort des Liedes im kindlichen Leben. Das Schneemannlied ist eine Folge, eine Antwort auf das eigene Schneemannbauen. Daraus folgt für den Erzieher: Die-

ses Lied kann sinnvollerweise nur gesungen werden, wenn
wir zuvor im Schnee waren. Ein wenig ernüchternd wird in
der dritten Strophe festgestellt, daß dieser Schneemann verschwinden wird, daß er „weint, wenn die Sonne scheint".
„Das bekommt ihm schlecht." – Die Mischung des Ausdrucks von Freude über das für Kinder herausragende Win-
terereignis Schneemann und der realitätsnahe Hinweis, daß
solches auch vergeht, macht mir den Text sympatisch.

Wichtig für den Ausdruck von Emotionen ist die *Melodie,*
der wir uns nun zuwenden. Falls Sie die Tonkassette benützen, wäre es gut, wenn Sie nach mehrmaligem Hören ihren
Eindruck von der Melodie des Liedes formulieren würden.
Summen Sie sie mit, und versuchen Sie festzustellen, was Ihnen geläufig vorkommt, was nicht.

Text und Melodie: Hans Poser
Fidula Verlag, Boppard/Salzburg

Kommet all und seht: Vor dem Hause steht ein dik-ker

Mann und lacht, der ist aus   Schnee gemacht.

1. Kommet all und seht: Vor dem Hause steht ein dicker Mann und
   lacht, der ist aus Schnee gemacht.
2. Einen blauen Topf hat er auf dem Kopf, das ist sein neuer Hut,
   und der gefällt ihm gut.
3. Unser Schneemann weint, wenn die Sonne scheint, das ist ihm
   gar nicht recht, denn das bekommt ihm schlecht.

Wahrscheinlich sind Sie im zweiten Takt an der Textstelle
„steht ein dicker Mann" beim Mitsingen nachgehinkt. Dann
haben Sie die entscheidende Stelle gefunden, die dem Lied
eine unverwechselbare Gestalt gibt. Wir sind nämlich aus unserer Liedtradition gewöhnt, entsprechend dem Reimschema
nach den Wörtern seht – steht (in der 2. Strophe Topf –
Kopf, in der 3. Strophe weint – scheint) eine Pause zu machen. Gerade dort aber läuft diese Melodie weiter. Das ist in
angenehmer Weise ungewöhnlich. Versuchen Sie es zu er-
spüren und bei der Weitergabe zu beachten. Dann ist das

Lied leicht vermittelt, da die übrigen Melodieformeln denen anderer Lieder verwandt sind.

B. Stufen der Liedvermittlung

(1) Aus unseren Darlegungen zum Lied geht hervor, daß der Erzieher es für jene Tage bereit haben sollte, an denen es genügend schneit, um einen Schneemann zu bauen. Der sollte möglichst vor dem Fenster des Gruppenraumes entstehen. Neben den Kennzeichen für Augen, Nase, Mund und Knöpfen wäre ein (möglichst blauer) Topf als Hut wichtig. Vergessen Sie nicht – auch unter Einbeziehung z. B. von Eltern, die zum Kindergarten kommen – „unseren Schneemann" genüßlich zu betrachten und seine Vorzüge herauszuheben.

(2) Angesichts des Schneemanns „vor dem Hause" singt der Erzieher das Lied. Wenn wir berücksichtigen, daß die Strophen 1 und 2 vom gefertigten Schneemann, die Strophe 3 aber von seinem Vergehen sprechen, bieten sich zwei verschiedene Formen der Darbietung des Liedes an. Möglichkeit a): Mit Hinweis auf den gebauten Schneemann singt man zwei Strophen und wartet mit der dritten Strophe, bis es taut. Sie wird zu gegebener Zeit bei der Wiederholung angefügt. Möglichkeit b): Schon bei der Einführung des Liedes kommt die Zukunft des Schneemanns zur Sprache – und damit auch die 3. Strophe. – Das Lied kann mehrmals und wiederholt an den folgenden Tagen vorgesungen werden, so daß die Kinder mehr und mehr mitsingen können. Es empfiehlt sich aber auch, den Text *im Liedrhythmus exakt zu sprechen.* Dann wird man wieder auf die Verzögerung durch das Reimschema stoßen, auf die oben schon aufmerksam gemacht wurde.

(3) Der Liedinhalt wird vertieft, indem man ihn bildlich darstellt. In den meisten Kindergartengruppen, in denen dieses Lied gestaltet wurde, entstanden drei Bilder in Entsprechung zu den Strophen: Ein Haus im Schnee mit einem lachenden Schneemann davor / Der Schneemann mit dem blauen Hut im tanzenden Schnee / Die Sonne scheint, der Schneemann weint. Wählen Sie solche Techniken, durch die große Bilder in Gemeinschaftsarbeit hergestellt werden können (Fensterbilder mit Fingerfarbe; Reißarbeiten; Watte auf Papier geklebt). Die Bilder werden gut sichtbar im Gruppenraum, im Flur oder an einer großen Wand aufgehängt. Während des Vor-, Nach- und Mitsingens zeigen die Kinder auf das zutreffende Bild. Vergessen Sie nicht, es anderen Kindergartengruppen, Eltern oder Besuchern angesichts der Bilder vorzusingen. Der Vortrag wird eindrucksvoller durch

(4) instrumentale Liedbegleitung. Dazu einige – nach Fähigkeiten gestufte – Vorschläge.

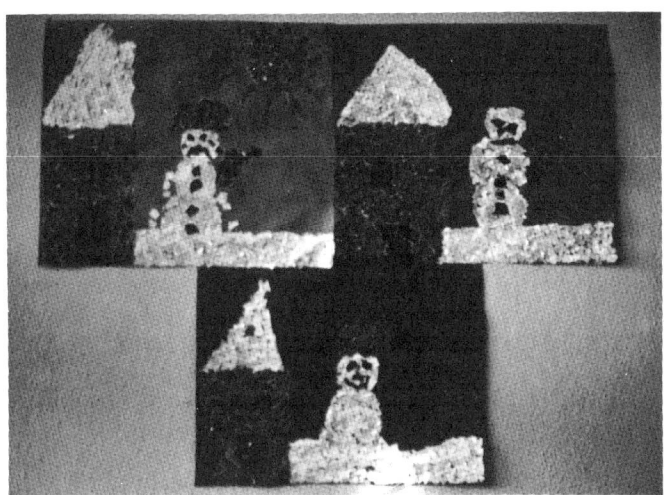

● Der Text wird rhythmisch *gesprochen.* Dazu klatschen alle (einzelne, einige) in die Hände oder spielen auf Trommeln ostinat:

Auch hier wird mit dem Ostinato begonnen, bevor das Sprechen einsetzt. Dieses ist eine gute Vorübung zum folgenden Spiel auf Stabspielen. Es hat aber auch musikerzieherischen Sinn, wenn die Kinder „nur" diese Begleitung „schaffen" oder wenn Sie aus anderen Gründen nicht zur Stabspielbegleitung fortführen können.

●● Wir führen hier zwei Ostinati an. Die Kinder können auch nur einen von ihnen oder beide zugleich spielen. Im letzteren Fall ist es günstig, die Begleitformen auf verschiedene Stabspiele zu verteilen. (Das Notenbild gibt die Auswahl der Instrumente an, wie sie auf der Tonkassette zu hören sind.)

Ostinato 1 / Xylophone: Ostinato 2 / Metallophon:

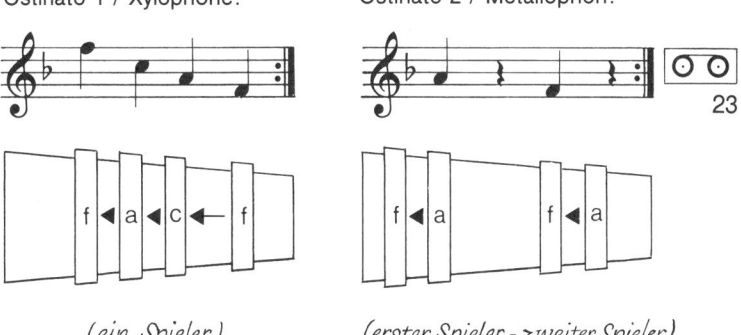

(ein Spieler)   *(erster Spieler - zweiter Spieler)*

Alt-Xylophon

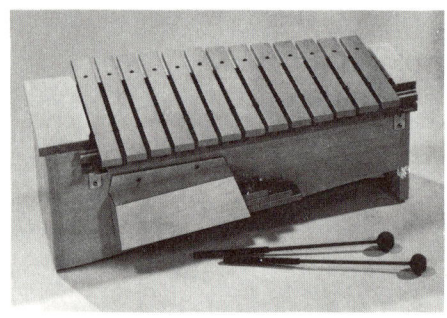

Alt-Metallophon

C. Musikdidaktischer Kommentar

(XIX) Die Einführung dieses Liedes ist abhängig vom jahreszeitlich bedingten Erlebnis Schnee. Sie läßt sich deshalb nicht auf Tag und Stunde festlegen. Der Erzieher sollte ein Reservoir von Liedern haben, die zur passenden Zeit zur Verfügung sind. Dazu gehören Lieder in den Jahreszeiten. Vorausgesetzt, wir nehmen uns wirklich Zeit, die sich wandelnden Naturvorgänge in den Jahreszeiten zu beobachten, im Verweilen zu genießen oder uns ihnen auszusetzen, dann können Kinder auch heute die Welt der Natur durch ihre Veränderungen während der Jahreszeiten erleben: die wohltätige Sonnenwärme im Frühling; Blumen in einer Farbenvielfalt, die wir nicht malen können; Lerchen in der Luft; Bedrückung durch tagelangen Regen; Kuckucksrufe und Spechtklopfen im Wald; Nebel; Wind, der uns in den Haaren und an den Kleidern packt; Sturmgeheul; sanftes Fallen bunter Blätter im Herbst. In Liedern spiegelt sich ihr Eindruck wider; durch Lieder geben wir die Beeindruckung auch wieder nach außen, – und dabei vertieft sie sich zugleich.

(XX) Im Kindergarten sind Methoden und Mittel wichtig, die helfen, den Liedtext zu verstehen und zu behalten. In der Schule gebraucht man dazu ab dem 3. Schuljahr – und danach ein Leben lang – das Schriftbild. Für die meisten lesekundigen Sänger ersetzt das Liederbuch die Bewahrung des Liedes im Gedächtnis. Für Kindergartenkinder können Bilder eine Gedächtnisstütze sein. Das ist einer der Gründe, Liedinhalte zu malen oder durch andere Techniken darzustellen. Selbstverständlich sind damit auch noch andere Absichten verbunden, z. B. die Verstärkung des emotionalen Ausdrucks mit Musik durch den Ausdruck mittels Farbe, sowie die Freude an einem gemeinsam gelungenen Bild. Der Wandfries ist deshalb besonders empfehlenswert, weil man an ihm entlang singen kann. Bei Liedern mit vielen Strophen wie die vom Kater Jan, vom Mühlenhaus und vom Schnellzug erweist er sich als günstig. Auch einzelne Bilder und Gegenstände können eine Gedächtnisstütze sein, wie z. B. das selbstgebaute Uhrenhaus im Lied 7. Wieder einmal zeigt sich, daß Musikerziehung nicht von anderen Sozial- und Lernformen getrennt werden kann.

Zum Spiel der Ostinati lesen Sie bitte Kommentar (VIII).

12. Schornsteinfeger, schwarzer Mann

A. Zum Lied

Wenn man den elementarpädagogischen Grundsatz, daß die Inhalte der Kindergartenpädagogik den Erfahrungen der Kinder entsprechen sollen, wirklich ernst nimmt, dann bereitet manches Kinderlied Schwierigkeiten. Wir haben schon beim Lied von der Eisenbahn festgestellt, daß sich Lebens- und Umweltbedingungen im Laufe einer Generation ändern können. Einzelheiten, auf die ein Kinderlied vor einigen Jahrzehnten noch Bezug nehmen konnte, sind dann nicht mehr oder doch verändert vorhanden. Lesen Sie bitte den Text des Schornsteinfeger-Liedes unter diesem Gesichtspunkt.

Einen Schornsteinfeger sehen auch heutige Kinder ab und an auf dem Dach. Er ist ein bemerkenswertes Ereignis wie in früheren Zeiten. Nur treffen einige der im Lied genannten Anlässe für das Schornsteinfegen nicht mehr zu. Die allerwenigsten Kindergartenkinder kennen noch ein offenes Feuer im Ofen. Im Zeitalter zentraler Heizungen und Fernheizungen qualmt der Ofen im Wohnraum für die meisten nicht mehr. Man sollte die gewonnenen Arbeitserleichterungen nicht durch nostalgische Wünsche nach „Elementar-Begegnungen" z. B. mit offenem Feuer verdecken oder in ihrer Bedeutung schmälern. Oft ist als Preis für den Lebenskomfort der Verlust des Erlebens einfacher Lebensvorgänge – für die der qualmende Ofen nur ein Beispiel ist – zu zahlen. Wir sollten nicht vergessen, daß das einfache Leben nicht nur angenehme Seiten hatte. Da aber Kinder Begegnungen mit einfachen Lebensvorgängen brauchen, muß sich der Erzieher Ersatz einfallen lassen. Er besteht meistens im Erzählen von Geschichten, durch die das Verhältnis von Ursache und Wirkung in Lebensvorgängen der kindlichen Umwelt deutlich wird. Wenn also die im Lied vorausgesetzten Zusammenhänge, daß der Ofen nicht „zieht", weil der Schornstein durch Ruß verstopft ist, und daß der Schornsteinfeger ihn reinfegen muß, nicht geläufig sind, wird man sie durch anschauliche Erzählung vermitteln. – Die in der ersten Strophe erwähnten Holzpantinen und der Zylinder gehören in einigen Gegenden zur Berufskleidung. Wo nicht üblich, müssen auch sie verdeutlicht werden. Heute tragen viele Schornsteinfeger leichte, biegsame Schuhe, um Fußkontakt mit den Dachziegeln zu bekommen. Früher gingen sie oft barfuß hinauf und ließen die Holzpantinen an der Leiter stehen.

Die *Melodie* prägt sich dem Gehör leicht ein.

Text: Dorothea Neckel
Melodie: Horst Weber
Fidula-Verlag, Boppard/Salzburg

Schornsteinfeger schwarzer Mann, hast zwei Holzpantinen an.

Ach wie schön, ach wie gut, steht dir dein Zylinderhut.

1. *Schornsteinfeger, schwarzer Mann,*
   hast zwei Holzpantinen an.
   Ach, wie schön, ach, wie gut,
   steht dir dein Zylinderhut.

2. *Schornsteinfeger, bitte sehr,*
   unser Ofen zieht nicht mehr,
   qualmt tagaus, qualmt tagein,
   drum feg' du den Schornstein rein.

3. *Schornsteinfeger, dankeschön,*
   kannst zu unserm Nachbarn gehn.
   Morgen will ich an dich denken
   und dir ein Stück Seife schenken.

B. Stufen der Liedvermittlung

(1) Die Aufgaben, Tätigkeiten und das Handwerkszeug des Schornsteinfegers werden veranschaulicht. Selbstverständlich können diese Gesichtspunkte im Rahmen eines Wochenthemas oder eines didaktischen Rahmenplanes berücksichtigt werden, z. B. Das Haus, in dem wir wohnen / Handwerker / Berufe unserer Väter (falls es unter ihnen einen Schornsteinfeger gibt).

Mit Bezug auf das Verstehen des Liedes sollten berücksichtigt werden: Schwarze Kleidung; ortsübliche Kleidung; schmutzige Hände, schmutziges Gesicht; „Er braucht abends ein gutes Schaumbad"; Leiter; Besen an einer Leine und Kugel zum Beschweren; Schuhe; Kopfbedeckung. Am besten laden Sie einen Schornsteinfeger in die Kindergartengruppe ein, oder die Kinder schauen zu und sprechen mit ihm, wenn er in der Nachbarschaft arbeitet. Er zeigt und erläutert sein Handwerkszeug. Jetzt kann man auch die in Ihrem Gebiet übliche Berufskleidung sehen. Es steht nichts im Wege, den Text der ersten Strophe entsprechend zu ändern.

(2) Wir erschließen das Lied vom **gesprochenen** Text aus.

● Der Erzieher erzählt die Strophen im Wortlaut. Es schließt sich ein erläuterndes Gespräch an. Bei Wiederholungen wird der Text im **Rhythmus** der Melodie vorgesprochen. Die Kinder sprechen den zweiten Teil jeder Strophe rhythmisch nach. Wahrscheinlich wird ihnen die Stelle: „qualmt tagaus, qualmt tagein" besonderen Spaß bereiten.

●● Der Inhalt wird szenisch-pantomimisch gespielt. Bei der 1. Strophe steht ein „Schornsteinfeger" – wenn möglich, durch Attribute kenntlich gemacht – in der Mitte und zeigt das, was gesprochen wird. Während des Sprechens der 2. Strophe geht ein Kind auf ihn zu und bittet pantomimisch, den Schornstein zu fegen. Zur 3. Strophe wird ihm ein Stück Seife geschenkt. – Wiederholungen mit Wechsel der Rollen.

Der Weg über den *gesprochenen* Text, der zugleich gespielt wird, ist auch gewählt, um fehlende Vorerfahrungen, von denen oben die Rede war, zu kompensieren.

(3) Der Erzieher **singt** das Lied vor. Die Kinder können bald die zweiten Strophenhälften singend wiederholen. Auch hier ist eine pantomimisch-szenische Darstellung wie unter (2) möglich.

(4) **Instrumentale Liedbegleitung**
● Als Vorübung klatschen die Kinder während des Singens gleichmäßig im Takt in die Hände:

Achtung! Diesen Grundschlag schlagen, *bevor* das Singen einsetzt. Bei Wiederholungen und an folgenden Tagen begleitet man das Singen mit folgenden Varianten: a) Das Grundmaß patschen, das ist: mit beiden Händen im Sitzen auf die Oberschenkel schlagen. b) Abwechselnd im Grundmaß patschen – klatschen, also: auf die Oberschenkel – in die Hände schlagen.
●● Dieser Rhythmus wird auf Stabspiele übertragen und zur Liedbegleitung gespielt:

Dazu werden alle Klangstäbe bis auf a und e herausgenommen:

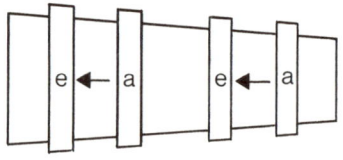

(erster Spieler - zweiter Spieler)

Der Ostinato dient auch als Vorspiel! Sie hören ihn auf der Kassette zum gesungenen Lied.
●●● Einige Kinder, die ein wenig geübter sind, sprechen rhythmisch genau

Schwarzer Mann, schwarzer Mann!
und wiederholen es ostinat.
Sie übertragen den Ostinato auf Holzblocktrommeln und Klangstäbe und flüstern jetzt nur noch zur Unterstützung der geschlage-

nen Rhythmen: „Schwarzer Mann!" Dieser Ostinato wird zur Begleitung des Liedes benutzt.

●●●● Beide Ostinati werden zur Liedbegleitung gespielt, wie es auf der Kassette zu hören ist. Wie wir schon öfter praktiziert haben, setzen sie hintereinander ein – wodurch ein Vorspiel entsteht – bevor alle die Strophen singen. Selbstverständlich ist es auch angemessen, wenn in einer Kindergartengruppe nur eine der Begleitformen gespielt wird.

(5) Die gewonnenen und geübten Spielelemente werden zu einem Schornsteinfegerspiel zusammengefaßt. Einige Kinder spielen auf Instrumenten wie unter (4), drei spielen den Schornsteinfeger und die Pantomimen in der 2. und 3. Strophe; alle anderen bilden einen Kreis.

Ablauf: Die Instrumentalisten spielen wie oben; ihr Vorspiel kann länger sein als üblich. Der Schornsteinfeger kommt herein, schwenkt seinen Hut, geht in den Kreis. Währenddessen singen alle die erste Strophe. – Instrumentalvorspiel und Singen der 2. Strophe mit entsprechender Pantomime. – Vorspiel der Instrumente. Während die 3. Strophe gesungen wird, schenkt ein Kind dem Schornsteinfeger die Seife. Dieser verabschiedet sich aus dem Kreis und geht fort. Die Instrumente spielen nach der Strophe so lange weiter, bis er verschwunden ist.

C. Musikdidaktischer Kommentar

(XXI) Wenn man den empfohlenen Vermittlungsstufen folgt, wird man nach einigen Tagen ein Schornsteinfegerspiel aus Liedsingen, Instrumentalspiel und Pantomime aufführen können. Ähnliche Empfehlungen wurden auch bei anderen Liedern ausgesprochen. Dieser Gesichtspunkt ist pädagogisch wichtig und mißverständlich zugleich. Mißverständlich, weil er mit einer Aufführung verwechselt werden kann, die zur Selbstdarstellung von Erwachsenen und Kindern dient, um nur selbstgefällig Beifall zu erhaschen. Wichtig, weil das Vorspiel vor anderen zur Wiederholung und Übung ermuntert, zu Vergleichen Anlaß gibt, zum Nachmachen auffordert. Manches Lied ist auf diese Weise durch einen Kindergarten gewandert. Vor allem aber bietet die Präsentation musikalischer Ergebnisse willkommene Gelegenheiten, Kinder und Eltern zu einem Fest zusammenzuführen oder für andere, z. B. für ältere Menschen, etwas Gutes zu tun. Die Vorführung musikalischer Ergebnisse des Kindergartens vor anderen hat jedoch nur Sinn, wenn sie der gerechten, angemessenen Selbstbestätigung der Kinder dient. Für musikalisches Tun gilt das in besonderer Weise.

Der Musizierende ist oft so im Spiel, daß er sich selbst vergißt. Durch den Beifall der anderen wird er seiner „Leistung" gewahr. Er wird bestätigt und bekommt Lust zu weiterem Musizieren, welches ja auch Konzentration, Rücksichtnahme und Durchhaltevermögen erfordert. Ob das Ziel der Bestätigung und Ermunterung durch musikalisches Vorspiel erreicht oder mißverstanden wird, hängt von der Art und Weise ab, wie die Erwachsenen – einschließlich Eltern – mittun und reagieren.

Zum Ostinato-Spiel vergleiche Kommentar (VIII).

13. Komm, mein Pferdchen

A. Zum Lied

aus Jugoslawien;
deutscher Text: Ortfried Pörsel
Fidula-Verlag, Boppard/Salzburg

1. Komm, mein Pferdchen, komm mein Pferdchen,

sollst mir flei-ßig fres-sen. Komm mein Pferdchen,

komm mein Pferd-chen, will dich nicht ver-gessen.

Aj - aj, aj - aj - aj, will dich nicht ver-gessen.

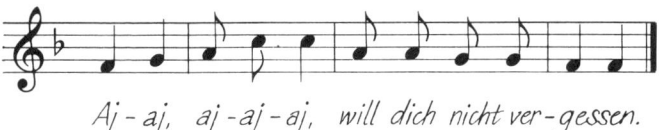

Aj - aj, aj - aj - aj, will dich nicht ver-gessen.

1. Komm, mein Pferdchen, komm, mein Pferdchen,
sollst mir fleißig fressen.
Komm, mein Pferdchen, komm, mein Pferdchen,
will dich nicht vergessen.
Aj – aj, aj – aj – aj, will dich nicht vergessen.
Aj – aj, aj – aj – aj, will dich nicht vergessen.

2. Will dich holen, will dich holen
von der grünen Weide.
Will dich holen, will dich holen,
reiten woll'n wir beide.
Aj – aj … reiten woll'n wir beide …

3. Hei, dann geht es, hei, dann geht es
über alle Brücken.
Und ich reite, und ich reite
hoch auf deinem Rücken.
Aj – aj … hoch auf deinem Rücken …

Das Lied stammt aus Jugoslawien. Wir wählen es unter ähnlichen Liedern aus, weil es zum Pferdespiel im Kindergarten gut geeignet ist. Sein Inhalt ist – soweit ihn eine Übersetzung ins Deutsche einfangen kann – sehr einfach: Ein Pferd wird von der Weide geholt. Der Reiter verspricht ihm gutes Fressen. Danach werden sie ausreiten, „und ich reite hoch auf deinem Rücken". – Auch der Melodieverlauf ist sehr eingängig.

Wenn Sie das Lied von der Tonkassette anhören, dann achten Sie bitte darauf, wie der erste Melodiebogen (Takte 1–4) wiederholt wird (Takte 5–8) und nur der letzte Ton verändert ist. Ebenso wird auch der zweite Melodieabschnitt (Takte 9–12) wörtlich wiederholt (Takte 13–16), wiederum mit Ausnahme des letzten Tones. Jetzt fällt auch auf, daß alle Melodiebögen mit gleicher Tonfolge enden; ihr „Abgesang" ist immer gleich.– Diese einfache Gestalt ist wahrscheinlich der Grund, weshalb das Lied dort, wo es als Pferdeliedspiel eingeführt wurde, beliebt wurde.

B. Stufen der Liedvermittlung

Das Thema Pferde eignet sich vorzüglich zur Musikerziehung durch

Bewegung im Raum. Wenn man mit Pferden umgeht oder sie beobachtet, dann kann man *drei Bewegungsarten* feststellen: Pferde *gehen* im Schritt, Pferde *traben*, Pferde *galoppieren*. Von diesen unterschiedlichen Bewegungsarten gehen wir bei der rhythmischen Erziehung und bei Pferdeliedern aus. Wir lassen im Folgenden offen, in welcher Weise Kinder zuvor mit Pferden bekanntgeworden sind.

(1) Die Kinder werden aufgefordert, sich „wie Pferde" im Raum zu bewegen.

● Der Erzieher beobachtet ihre Bewegungen. Wenn Sie Glück haben, gehen einige Kinder im Schritt, andere traben, andere galoppieren. Ganz sicher werden einige traben. Die Bewegungsarten, welche Kinder spontan bringen, werden herausgestellt, indem einzelne Kinder typische Bewegungen vormachen. Fehlende Bewegungen der Pferde werden durch Hinweis oder durch Vormachen des Erziehers ergänzt. – Während dieser Phase müßte also deutlich werden, daß Pferde im Schritt gehen, im Trab laufen und galoppieren. Die Reihenfolge hängt von den Beispielen ab, die den Kindern einfallen.

●● Es ist angebracht, die Bewegungsarten zu kennzeichnen. So können wir uns auch im Fortgang des Spiels besser verständigen. Deshalb wird jetzt zu jeder Bewegung rhythmisch gesprochen, nämlich

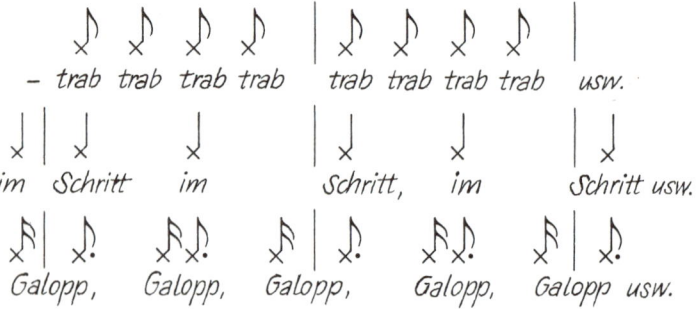

(Vergleichen Sie zu diesen Rhythmen das nächste Tonkassettenbeispiel! –)

Differenzierung des Spiels: Einige Kinder machen die Bewegung vor, die anderen schauen zu und *sprechen* den jeweiligen Sprachklangrhythmus möglichst exakt. Beim Gehen im Schritt kann man bis zu vier „Pferde" koppeln, beim Traben ein „Pferdepaar"; beim Galoppieren sind die „Pferde" einzeln.

(2) Nun wird jeder Bewegungsart ein Schlaginstrument zugeordnet. Achtung! Die Zuordnung, die Sie hier wählen, muß bei den folgenden rhythmischen Spielen immer dieselbe bleiben! Denn ab

jetzt wird auch der unterschiedliche Instrumentenklang ein Kennzeichen für die verschiedenen Bewegungsarten bzw. Rhythmen.
● Unser Vorschlag:

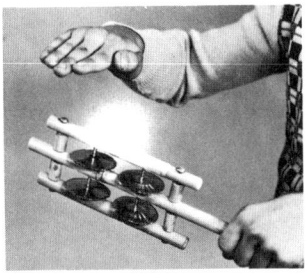

– Ein *Tambourin* erklingt zum Gehen *im Schritt;*
– das *Traben* wird durch den Klang von *Schellenkranz, Schellenrassel* und *Schellenband* unterstützt;
– dem *Galopprhythmus* werden *Holzblocktrommeln* zugeordnet.

Schellenrassel

Bilden Sie drei Gruppen von „Pferden" an verschiedenen Plätzen im Raum, denen die drei Bewegungsarten (Rhythmen) zugeteilt werden. Die Instrumente spielen *nacheinander* ihren Rhythmus. Die jeweilige „Pferdegruppe" erkennt – ohne sprachliche Ankündigung! – ihr Instrument und ihren Rhythmus. Sie bewegt sich entsprechend durch den Raum und kehrt in den „Stall" zurück.

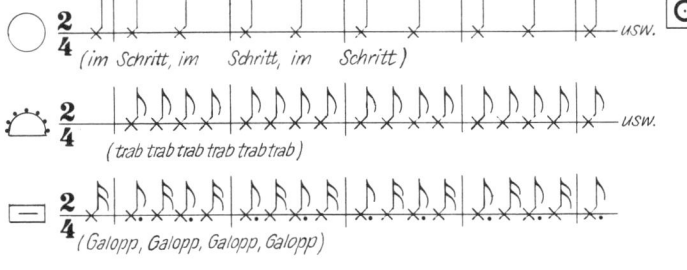

26

●● Die Kinder müssen also Rhythmen und Klangfarben der Instrumente *hörend* unterscheiden und entsprechend durch Körperbewegungen reagieren. Wenn das alle können, wird die Aufgabe anspruchsvoller. Ein zweites Instrument setzt jetzt *in kurzem Abstand* nach dem ersten ein, noch bevor die erste „Pferdegruppe" im „Stall" ist. Zeitweilig bewegen sich also zwei Gruppen nach unterschiedlichen Rhythmen mit verschiedenen Bewegungen durch den Raum (ohne sich anzustoßen). Das akustische Ergebnis können Sie auf der Kassette hören.

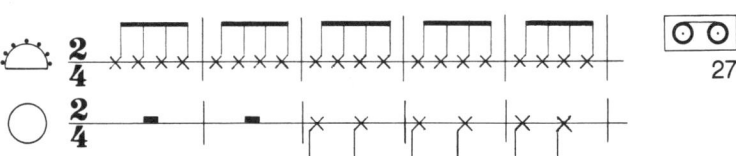

27

(3) Die bisher gewonnenen rhythmischen Fähigkeiten, die sich in „passenden" Bewegungen im *Raum* äußern, lassen sich unter Verwendung eines Verses auf Bewegungen am Platz übertragen und vertiefen.

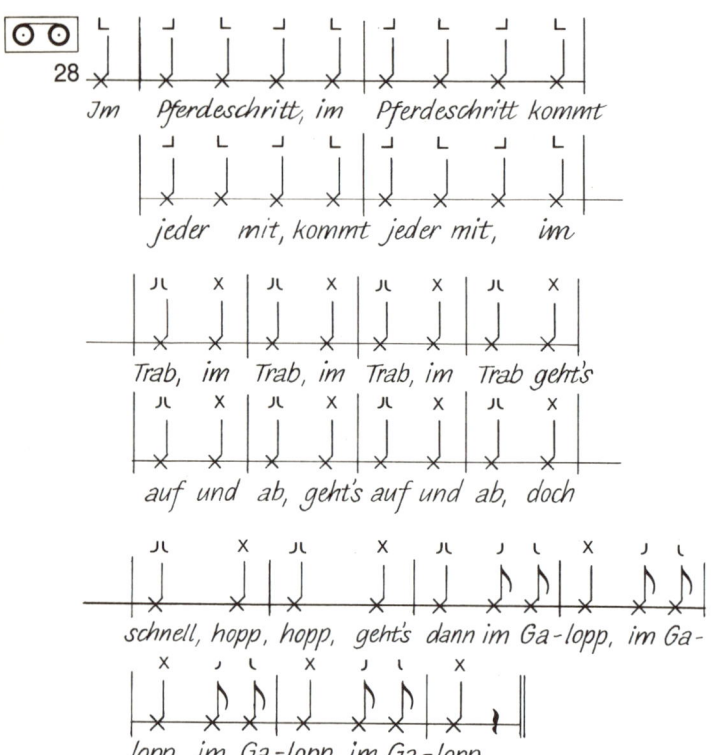

28

Im Pferdeschritt, im Pferdeschritt kommt jeder mit, kommt jeder mit, im Trab, im Trab, im Trab, im Trab geht's auf und ab, geht's auf und ab, doch schnell, hopp, hopp, geht's dann im Ga-lopp, im Ga-lopp, im Ga-lopp, im Ga-lopp.

Was man alles mit diesem Vers machen kann:

- Ihn im Rhythmus sprechen, wie es die Noten angeben und auf der Kassette zu hören ist.
- Zum Sprechen abwechselnd in die Hand klatschen und auf beide Oberschenkel patschen.
- Beim Sprechen zu jeder Gangart eine andere Bewegung (die oben durch Zeichen angegeben ist) ausführen, nämlich
- zum *Schritt* mit den Füßen abwechselnd auf den Boden stampfen: ⌐L ⌐L
- beim *Trab* abwechselnd patschen und in die Hände klatschen ⌐L X

— beim *Galopp* abwechselnd links und rechts patschen und in die Hände klatschen: ♩ ᴧ х

Die vorgeschlagenen rhythmischen Bewegungen werden zunehmend differenzierter. Natürlich muß man auch hier nicht alles mit allen erreichen wollen. Wenn Sie eine Bewegungsfolge machen wollen, die noch einfallsreicher ist, dann schlagen Sie nach in „ludi musici", Band I (Fidula-Verlag Boppard/Salzburg) von Wilhelm Keller, von dem der Vers und die Spielvorschläge stammen.

(4) Kennenlernen des Liedes

Alle klopfen *leise* den Trab-Rhythmus wie unter (2), jedoch langsamer; der Erzieher singt dazu das ganze Lied. Auf diese Weise sollen die Kinder zum gleichzeitigen Hören und begleitenden rhythmischen Spiel, z. B. auf Schellenstäben, geführt werden. Werden Sie nicht mutlos, wenn es nicht bei allen auf Anhieb gelingt. Man kann ja das Lied mehrmals vorsingen oder es nur durch einige oder abwechselnd begleiten lassen. Wenn Sie die Kinder – wie auch schon bei anderen Liedern – daran gewöhnen, nicht nur rezeptiv bei der Liedvermittlung bis zum Ende zuzuhören, sondern *an geeigneten Stellen* einzufallen, dann werden sie bald den letzten Melodieteil „Aj – aj, aj – aj – aj ..." mitsingen.

Ein Gespräch über den Liedinhalt sollte sich anschließen. Es ist auch sinnvoll, ihn bildlich darzustellen. Bei wiederholtem Singen an den nächsten Tagen wird der Text auch rhythmisch gesprochen. Tun Sie es auch im Wechsel, z. B.

— Der Erzieher spricht die Strophen vor, die Kinder sprechen den Kehrvers („Aj – aj, aj – aj – aj ...) in zwei Gruppen hintereinander nach;
— oder: Der Erzieher spricht den ersten Teil der Strophen, einige Kinder oder ein Einzelkind den zweiten Teil; alle sprechen den Kehrvers.

Selbstverständlich kann man diese Aufteilung auch beim Singen anwenden.

(5) Zum Liedsingen können zwei Ostinati auf Stabspielen musiziert werden (vgl. Liedeinspielung oben):

Sie laufen im selben Rhythmus ab wie die Bewegung „im Schritt". Da wir diese seit der ersten Phase praktiziert haben, müßte der

Rhythmus von den meisten Kindern auf Instrumente übertragen werden können. – Schwieriger ist eine „saubere" Begleitung mit dem Trab-Rhythmus auf Holzblocktrommeln. Sie wird in der Regel von einem Erwachsenen gespielt werden müssen – eine angemessene Aufgabe für Eltern oder Praktikantinnen, die man auf diese Weise ins Musizieren einschließen kann. Auf der Kassetteneinspielung, die Sie schon oben hörten, sind der Trab-Rhythmus auf Holzblocktrommeln und die beiden Stabspiel-Ostinati zur Liedbegleitung zu hören.

(6) Man kann das Lied um ein Bewegungsspiel erweitern. Zwischen die Strophen werden dann Bewegungen im Raum zum Schlaginstrumentenspiel wie unter (2) eingefügt. Die Spielfolge, die Sie auch anderen Kindergartengruppen und Eltern vorführen können, ist dann folgende:

– 1. Strophe mit Instrumentalbegleitung wie unter (4).
– Zwischenspiel: Tambourin-Rhythmus und Bewegung „im Schritt".
– 2. Strophe mit Instrumentalbegleitung.
– Zwischenspiel: Schellenkranz-Rhythmus und „traben".
– 3. Strophe mit Instrumentalbegleitung.
– Nachspiel: Holzblocktrommel-Rhythmus und „galoppieren".

Die Kinder übernehmen die unterschiedlich schwierigen Aufgaben je nach ihrem Leistungsvermögen.

Die rhythmischen Bewegungsspiele, die unter den Phasen (1) und (2) dargestellt wurden, eignen sich auch zur Vermittlung und in Verbindung mit weiteren Pferdeliedern. Zu empfehlen sind

– *„Hei mein Pferdchen läuft geschwind,*
pan pata pan, pata pan, pata pan,
ist noch schneller als der Wind."
– *„Lauf mein Pferdchen, lauf mein Pferdchen,*
eile mit mir der Heimat zu."
– *„Bitte gebt mir doch ein Zuckerstückchen*
für mein kleines Pony."

Wenn Sie diese Lieder über einen größeren Zeitabschnitt verteilen, können die rhythmischen Spiele im Zusammenhang mit ihnen wiederholt, erweitert und gesteigert werden. Von den Bewegungen der Phase (1) sollte man immer ausgehen. Die rhythmischen Übungen der Phasen (2) und (3) können Sie auch auf verschiedene Lieder verteilen. Wie immer ist dieses von der Situation der Gruppe abhängig.

C. Musikdidaktischer Kommentar

(XXII) Die rhythmischen Spiele, die von der Nachahmung von Pferdebewegungen ausgehen, sind ein Beispiel für Hörerziehung durch Körperbewegung. Vergegenwärtigen Sie sich die Phase (2): Die Kinder gehen, laufen (traben), hüpfen (galoppieren) durch den Raum, ohne daß sie durch ein Wort, also durch eine Bezeichnung dieser Bewegungsformen mittels Sprache, dazu angeregt werden. Die Aufforderung erfolgt vielmehr durch den Klang eines Instruments und durch einen Rhythmus, der mit diesem verbunden ist. Was lernen die Kinder dabei? Sie unterscheiden zunächst *hörend* einen mit einer Klangfarbe verbundenen Rhythmus von zwei anderen, an die sie sich erinnern. Sie reagieren auf diese qualitative Hörwahrnehmung, indem sie sie in eine zugehörige (verabredete) Bewegung umsetzen. Der Erzieher kann an der Körperbewegung der Kinder ablesen, ob sie richtig gehört haben. Das Interesse der Kinder dürfte vor allem auf die Bewegungen gerichtet sein, die die instrumental gespielten Rhythmen auslösen. Sie gewinnen dadurch im Spiel eine differenziertere Hörfähigkeit. Zugleich wird das rhythmische Gefühl verfeinert, von dem in den Kommentaren (II), (VII) und (XIV) die Rede ist.

Manchmal stelle ich mir vor, welchen Grad der Hörfähigkeit die meisten Menschen erreichen könnten, wenn Hörübungen wie diese aufbauend über Jahre hin im Kindergarten und in der Grundschule geschehen würden.

14. Prinzipien und Methoden der Liedvermittlung im Kindergarten

Wir fassen die Kernaussagen der musikdidaktischen Kommentare zusammen. In ihrer Zusammenschau lassen sich die folgenden Aussagen über die besondere Art der Musikerziehung *durch Lieder* im Kindergarten machen.

A. Prinzipien

1. Kinder haben *Lieder* am liebsten, wenn diese *mit einem Erlebnis verbunden* sind. Wir sollten Voraussetzungen für Erlebnisse schaffen, die Grundlage und Anlaß des Singens sind.

2. Im Kindergarten werden *Lieder spielend gelernt durch Gestaltung.* Diese kann auf vielfältige Weise erfolgen, nämlich durch szenisches Spiel, Gesten und Pantomime, Malen, Kreisspiel, rhythmische Begleitung durch Körperinstrumente, instrumentale – in der Regel ostinate – Liedbeglei-

tung. Die Art der Gestaltung richtet sich nach den Eigenarten von Melodie und Text des Liedes. Folgt man diesem Prinzip, so erübrigt sich sinnloses Auswendiglernen von Liedern.

3. Die *Liedvermittlung* erfolgt *entwickelnd.* Das heißt: Einzelne Liedfaktoren – z. B. Kehrvers, die Liedgeschichte, das rhythmische Grundmaß – werden in aufbauenden, in sich relativ geschlossenen didaktisch-methodischen Phasen musikalisch gestaltet. Das Lied als ganzes ist das Resultat der Fähigkeiten, die die Kinder in den aufeinander folgenden Phasen (Stufen) gewonnen haben.

4. Die *Liedvermittlung* ist in *Abschnitte* gegliedert, die sich oft *auf mehrere Tage verteilen* lassen. So wird es möglich, sich auf den einzelnen Stufen mit einem Liedfaktor ausführlich, intensiv und in spielerischer Gelassenheit zu befassen.

Die Vermittlung eines Liedes in einer einzigen Stunde ist die Ausnahme (die die Regel bestätigt).

5. *Musikalische Fähigkeiten* werden *im Zusammenhang* und verwoben *mit Spielformen des Liedes* entfaltet und geübt. Wir fördern am jeweiligen Lied jene Fähigkeiten, die seiner Eigenart besonders entsprechen. Deshalb steht je nach der Struktur des Liedes im Vordergrund

● die Förderung des rhythmischen Gefühls,
● die Stimmbildung,
● das anfanghafte bewußte Hören des Verlaufs einer Melodie,
● die instrumentale Liedbegleitung.

6. Musikalische Fähigkeiten entfalten und verfeinern sich durch beständiges Musikmachen. Darum sollte *im Kindergarten täglich gesungen* und/oder *musiziert* und/oder *Musik gehört* werden. Das Singen ist *eine* Art des Musikmachens. Für die Musikalisierung von Kindern sind Klanggestaltungen (Kapitel 2), Bewegung nach Musik und Kindertanz (Kapitel 3) und Musikhören (Kapitel 4) ebenso wichtig. Bei der *Planung des täglichen Umgehens mit Musik* sind alle Teilbereiche der Musikerziehung zu berücksichtigen.

7. Die *Teilbereiche der frühen Musikerziehung* – Gebrauch der Stimme / Klangexperimente / Musik und Bewegung / Musik hören / Instrumente bauen / Instrumente spielen – werden *in der Praxis nicht scharf voneinander getrennt.* Sie ergänzen ein-

ander. Meistens werden sie durch ein außermusikalisches Thema zusammengehalten.

8. Die *Bildung der Kinderstimme* erfolgt täglich *beim Sprechen und Singen.* In besonderer Weise können Kinderstimmen durch abwechslungsreiche Lockerungs- und Sprachklangspiele geübt werden.

9. *Bei der Planung* der Bildungseinheiten (Wochenpläne, didaktische Einheiten) sind *Lieder von vornherein* zu *berücksichtigen.* Dabei ist zu beachten, daß Kinderlieder – je nach ihrer Eigenart! – entweder in eine Planungseinheit fest integriert werden müssen oder mit lockerem Bezug zum Planungsthema musiziert werden können oder für eine nicht oder nur gelegentlich zu planende Situation geeignet sind.

B. Methoden

Ein Kinderlied ist eine Einheit von Melodie und Text. Einheit, das bedeutet: Das eine erhält seinen Sinn durch das andere – und umgekehrt. Würden wir den Text für sich sprechen, so entbehrte er der emotionalen Wirkung durch seine Verbindung mit der Melodie. Trennen wir die Melodie vom Liedinhalt, so hat sie für Kinder wenig Bedeutung. Ganz anders ist es jedoch, wenn Text und Melodie als Einheit, als Lied erlebt worden sind. Wenn man dazu später die Melodie allein summt oder auf einem Instrument spielt, hört man innerlich den Bezug zum Text. Der Text ist ein Kennzeichen für die Melodie erst dann, wenn man beide als Lied erfahren hat. Hier liegt eine Möglichkeit der Hörerziehung, auf die wir im Kapitel 4 zurückkommen.

Bei der Vermittlung eines Liedes muß die Einheit von Text und Melodie sehr wohl berücksichtigt werden. Nur im Ausnahmefall sollten sie getrennt dargeboten werden. Jeder Mensch, und erst recht ein Kind, möchte das Lied als ganzes aufnehmen. Trotzdem können Teile vorweg im Spiel erschlossen, durch Erzählung oder verschiedene Mittel und Methoden veranschaulicht werden. Die Erschließung der Einzelteile sollte aber stets dem Verständnis des Liedes als Einheit dienen.

Liedvermittlungen folgen nicht einer einzelnen Methode. Der Weg der Erschließung eines Liedes wird durch die jeweilige Eigenart *seines* Textes, *seiner* Melodie und ihres Zueinander bestimmt. Trotzdem lassen sich einige allgemeine methodische Gesichtspunkte abheben.

1. Bei jeder Weitergabe eines Liedes im Kindergarten stellt sich die Frage, wie man den *Liedtext* vermittelt. Es gibt keine für alle Fälle richtige Antwort, denn es hängt einerseits von dem einzelnen Liedtext und andererseits von den erzieherischen Absichten im Hinblick auf die konkrete Kindergartengruppe ab, welche Methode der Einführung des Lied*inhalts* man wählt. Trotzdem zeigt die Praxis nicht so viele Methoden, wie es Lieder und Kindergartengruppen gibt. Die Wege der Liedvermittlung sind weder beliebig, noch gibt es nur eine begründbare Methode. Es ist vorteilhaft, drei Vorgehensweisen zu unterscheiden, deren jede wiederum Varianten zuläßt.

Methode A: Der Erzieher erzählt den Liedinhalt mit eigenen Worten. Anmerkungen, Rückfragen der Kinder können in die Erzählung einbezogen werden. Anschließend singt der Erzieher das Lied ganz.

Dieses Vorgehen ist immer dann geeignet, wenn man annehmen muß, daß die Mehrzahl der Kinder nicht in der Lage ist, die wesentlichen Aussagen des Liedinhalts ohne vorherige Erläuterungen zu verstehen. Das hängt nicht nur von der Verstehensbreite der Kinder, sondern ebenso vom Grad der Komplexität des Textes und von der Wortwahl ab.

Eine Variante zeigt z. B. die Liedvermittlung: „Was haben die Mäuse mit der Uhr gemacht." Dort wird die Erzählung des Erziehers durch die Kinder sogleich in einfacher Weise verklanglicht.

Methode B: Der Inhalt wird in der Textfassung des Liedes gesprochen dargeboten. Im Anschluß können Einzelheiten und unverstandene Wörter geklärt werden. Dann singt der Erzieher das Lied als ganzes.

Im Unterschied zur Methode A wird die Aufmerksamkeit sogleich auf die endgültige Textform gerichtet. Rückfragen müssen direkt an den Text, nicht an die Erzieher-Erzählung gestellt werden. Die Methode B ist dann vor allem geeignet, wenn sowohl Inhalt wie Form des Textes ohne große Schwierigkeiten aufgefaßt werden können.

Manchmal ist eine Mischung der Methode A und B geeignet. Der Erzieher erzählt dann nahe am Text entlang, weitet ihn aber aus, wo es notwendig ist. Ein treffendes Beispiel hierfür wäre die Einführung des Liedes vom Kater Jan.

Methode C: Der Erzieher singt das Lied ganz vor. Anschließend fragen die Kinder auf den Liedinhalt zurück, soweit er unverständlich blieb. – Eine Variante: Die Voraussetzungen zum Verstehen des Liedinhalts werden durch eine Rahmenerzählung bis dahin erzählt, wo das einmalige Ereignis des Liedinhalts beginnt. Dieses wird als Lied gesungen.

Der Vorteil der Methode C besteht darin, daß die Kinder sich daran gewöhnen, sogleich auf das *gesungene* Lied zu hören.

Nicht jeder Inhalt wird ihnen aufbereitet und schon vorweg erläutert, bevor sie das Lied hören – was Spannung und Interesse erlahmen läßt. Dieses würde eintreten, wenn man ständig die Methode A anwenden würde.

2. So, wie sich aus der Eigenart der Liedtexte verschiedene Methoden ihrer Weitergabe ableiten lassen, so auch bei den *Melodien.* Bestimmend für die Vermittlung einer Liedmelodie sind jene ihrer Strukturmerkmale, die jeweils herausragen. Ist z. B. ein Motiv besonders markant, so werden wir damit beginnen und daraufhin die anderen Teile singen. Für alle Kehrvers-Lieder haben wir als vorzügliche Methode erkannt, diesen zuerst bekanntzumachen und die übrigen Teile von hierher zu erschließen. Bei anderen Liedmelodien bietet es sich an, von ihrem Rhythmus auszugehen, diesen zu sprechen und dann zum Singen überzuleiten. Nicht selten sind Melodiebögen rhythmisch und der Gliederung nach den Textstrophen gleich. Sofern man in solchen Fällen Textabläufe durch Bewegungen darstellt, werden zugleich die Melodieperioden gelernt.

Wenn wir die Methoden der Liedvermittlungen überschauen, treffen wir immer wieder auf die Einheit von Text und Melodie. Deshalb kann auch eine Melodie, wenn man sie ohne Text „lernen" soll, so schlecht behalten werden. Für die Musikerziehung im Kindergarten wäre eine vom Text losgelöste Vermittlung allein der Liedmelodie, z. B. durch Instrumentalvorspiel, nicht sinnvoll.

3. Wir stellen fest: Von keiner der Methoden der Text- und der Melodievermittlung kann behauptet werden, sie sei ein für allemal die richtige. Fragen Sie also nicht: Welche Methode wende ich an?! Die Frage bei der Vorbereitung einer Liedvermittlung heißt: Welche Vorgehensweise ist für *dieses* Lied angesichts *meiner* Kindergartengruppe die geeignete?

Um antworten zu können, muß man das Lied befragen im Hinblick auf

● das Geschehnis, das der Text erzählt (das Ereignis, die story),
● die Form des Textes, insbesondere die Wortwahl,
● die Aussageabsicht des Textes,
● die Struktur der Melodie,
● das Verhältnis von Text und Melodie.

Die Materialien dieses Kapitels sollen das beispielhaft zeigen. Wenn man sich solchen Fragen gestellt hat, dann darf man schließlich auch seine persönliche Neigung bei der Wahl der Methode einbringen. Denn jenseits aller Methoden ist die Individualität des Erziehers bestimmend für die Bedeutung, die ein Bildungsgehalt – wie hier das Lied – für Kinder gewinnt.

Klangerzeugung und Klanggestaltung durch Instrumente

1. Kinder haben Freude an Klängen, die sie selbst erzeugen

Wer mit Kindern lebt, kann folgende oder ähnliche Vorgänge beobachten:

● In der Küche oder auf dem Schrottplatz findet ein Kind einen Topfdeckel. Bald hat es auch einen Stock oder einen Kochlöffel, mit dem es auf den Deckel schlägt. Das hörbare Ergebnis ist offensichtlich für das Kind erfreulich. Nicht selten kommen andere Kinder hinzu, suchen nach ähnlichen Gegenständen, um gemeinsam Krach zu machen. Für manche ist die Lust so groß, daß sie sie zu verlängern suchen; sie laufen herum, schlagen auf Deckel, Töpfe, Metallplatten oder Röhren und rufen und schreien auch noch dazu.

● Auf dem Teppich spielen Kinder mit Bauklötzen. Eigentlich sollten sie ein „Thema" darstellen, z. B. Brücken. Einer aber schlägt zwei Hölzer gegeneinander und findet Spaß an dem Klangergebnis. Es kann geschehen, daß andere es ihm gleich tun und auch die Klötze so lange gegeneinander schlagen, bis der Spaß an der Klangerzeugung befriedigt ist.

● Wenn man mit Kindern durch eine Bahnunterführung oder einen Straßentunnel geht, entdeckt meistens einer, daß da Rufe und Schreie viel lauter sind als im Freien. Er hält die Hände als Trichter um den Mund, ruft etwas und hört dem nach; vielleicht gibt es sogar so etwas wie ein Echo. Und schon rufen alle und steigern sich bis zu einem gewaltigen Lärm (falls niemand vorher Einhalt gebietet).

● Ein Kind kommt zu Besuch und findet den Deckel eines Klaviers offen. Wenn die Erwachsenen es nicht von vornherein verbieten, wird es bald versuchen, Töne zu erzeugen. Je nach Temperament und Stimmung drückt es einzelne Tasten nieder oder schlägt mit der ganzen Hand auf die Tastatur.

Was äußert sich in solchem und ähnlichem kindlichen Verhalten? Es ist die Lust, mit Materialien oder mit der Stimme Klänge zu erzeugen und dabei sich selbst intensiver zu erleben. Diese Lust wirkt offensichtlich ansteckend. – Auch viele Erwachsene haben – glücklicherweise – diese Lust nicht verloren. Wen reizt es nicht, auf einem Klavier oder auf einem

Xylophon zu klimpern? Zwar schämen sich manche über diesen verbliebenen Rest kindlicher Freuden. Sie entschuldigen sich vor sich selbst und vor anderen, indem sie etwas Geformtes – also nicht nur Zufälliges – zustande zu bringen versuchen. Meistens sind es die Melodien zu „Hänschen klein" oder „Alle meine Enten" oder zu einem Lied, das gerade im Ohr oder „in" ist.

Es gibt also offenbar einen Trieb, der den Menschen reizt, aus Materialien Klänge herauszulocken. Auch das Entstehen von Musik im Laufe der Menschheitsgeschichte belegt das auf eindrucksvolle Weise. Gelingt das Erzeugen von Klängen in der erwarteten Weise oder Form, dann haben wir Freude und sind mit uns zufrieden. Die Versuche von Kindern mag der Erwachsene als Krach, Ruhestörung, lästiges Geräusch empfinden oder als Abreagieren von seelischen Stauungen bzw. als Aggressionen interpretieren. Er selbst glaubt, dann nicht (mehr) einfältig zu sein, wenn er diese Lust dergestalt bändigt, daß eine erkennbare Gestalt, z. B. eine Melodie entsteht. Dann kann aus der augenblicklichen, spontanen Lust am Klang eine länger währende *Freude am Gestalten* von Klängen werden. Damit ist die *Aufgabe der Erziehung* ab dem Kindergartenalter genannt, nämlich

▶ die Lust an wahlloser, ungezügelter und ungeformter Erzeugung von Klängen mittels Materialien und Stimme weiterzuführen zur Freude an deren Gestaltung.

2. Von der spontanen Klangerzeugung zur Klanggestaltung

Frühe Musikerziehung setzt bei der Lust der Kinder an, sich mittels Materialien und Stimme zu äußern. Bei manchen Kindern ist sie verborgen oder verschüttet. Der Erzieher wird seine Aufmerksamkeit gerade solchen Kindern zuwenden. Spiele und Experimente mit Klängen können ein gutes Mittel der Förderung gerade von ausdrucksschwachen und ausdrucksgehemmten Kindern sein. Musikmachen durch eigene Klangerzeugung geschieht im Kindergarten als Zusammenspiel der Gruppe. Da können einige durch einfallsreiche Ideen derart dominieren, daß andere erst gar nicht versuchen, Klänge zu suchen oder bescheidenere Einfälle zu äußern. Eine wichtige Absicht des Spiels mit Klängen ist es, gerade die äußerungsschwachen Kinder zu ermutigen.

In der Regel sind spontane Klangerzeugungen von Kindern ungeformt. Im Kindergarten sollen die Kinder Gelegenheiten, Hilfen und Anleitungen bekommen, sie mehr und mehr zu gestalten. Dazu kann man in musikalischer Sicht mehrere Ebenen unterscheiden, die jedoch in der Praxis einander durchdringen. Beachten Sie also bitte, daß die im folgenden beschriebenen musikdidaktischen Ebenen des Umgehens mit selbsterzeugten Klängen *keine* Anleitungen zum *methodischen* Vorgehen im Kindergarten sind. Sie sollen dem Erzieher die *qualitativen Unterschiede der Formen der Klangerzeugung* verdeutlichen, die in der Kindergartenpraxis miteinander verbunden sind.

Die *erste Ebene* ist die des Erkundens und Experimentierens, *wie Materialien klingen.* Beispiele:

Kinder horchen (einzeln und zusammen), wie z. B. Glas – wenn man es anschlägt – anders klingt als Metall und Holz. / Der Klang verändert sich, je nach dem Gegenstand, mit dem angeschlagen wird. / Ein gefülltes Glas klingt anders als ein leeres. / Wenn man über den Rand einer Flasche bläst, ist der Ton anders als beim Überblasen eines hohlen Schlüssels. / Eine geöffnete Plastikdose klingt anders als eine geschlossene oder eine gefüllte. / Schlägt man auf den Rand einer Pauke, ist das Klangergebnis anders, als wenn man in die Mitte schlägt. / Ein Xylophon klingt anders, wenn es mit einem Holzschlägel statt eines Filzschlägels geschlagen wird.

Je mehr man experimentiert und je genauer man hinhört, um so mehr lassen sich Klangerzeugungen verfeinern und Klänge differenzieren.

Die *zweite Ebene* unterscheidet sich qualitativ von der ersten; jetzt werden die *gefundenen Klänge verglichen.* Vergleichen von Klängen bewirkt zugleich, daß man sich ihrer Eigenart bewußter wird und diese – wenigstens anfanghaft – benennt. Beispiele:

Klänge, die durch Schlagen eines Gegenstandes erzeugt werden, sind anders als solche, die durch Zupfen einer Saite oder durch Blasen entstehen. / Ein langer Stab eines Metallophons klingt tiefer (dunkel), ein kurzer höher (hell). / Eine lange Saite klingt tiefer als eine kurze. Dasselbe ist der Fall beim Anblasen einer langen und einer kurzen Röhre. / Der Ton eines Xylophons verklingt schneller als der eines Glockenspiels.

Auf der *dritten Ebene* werden die *Klänge in eine* Folge und eine *Beziehung zueinander gebracht.* Hier beginnt die eigentliche musikalische Gestaltung! Die Spiele, Experimente und

Übungen auf der ersten und zweiten Ebene können als auditive Wahrnehmungserziehung verstanden werden. Klangerzeugungen bekommen einen *musikerzieherischen* Sinn, wenn wir Kinder nicht nur zum Ausprobieren und Vergleichen ermuntern, sondern die gefundenen Klänge auch *gestalten*, indem wir sie in die Ordnung eines gegliederten Ablaufs bringen. Davon ist im folgenden zu handeln. Es muß nochmals betont werden, daß die Unterscheidung der Ebenen des Umgehens mit Klängen nur wegen der gedanklichen Ordnung und der Übersicht für den Erzieher erfolgt. Wie die Beispiele zeigen werden, überschneiden und bedingen sie sich bei der musikalischen Gestaltung eines Themas oder einer Aufgabe.

3. Instrumente im Kindergarten

Das lateinische Wort für ein Material, welches als Werkzeug zu einem bestimmten Zweck – in unserem Fall zur Klangerzeugung – dient, heißt instrumentum. Die Bedeutung des deutschen Lehnwortes Instrument hat sich in den letzten Jahrhunderten auf Instrumente verengt, die von Fachleuten, von Instrumentenbauern gefertigt werden. Im musikdidaktischen Zusammenhang gebrauchen wir das Wort jedoch immer dann, wenn ein Gegenstand zur Erzeugung von Klängen oder Tönen benutzt wird. So verstanden können ein Topfdeckel, ein mit Sand gefüllter Yoghurtbecher, ein Wasserglas (an das man schlägt) oder eine Flasche (über deren Hals man bläst) Instrumente werden. Insbesondere die menschliche Stimme ist ein wichtiges Instrument der Klangerzeugung. In diesem weiten Sinn ist das Wort Instrument als Überschrift dieses Kapitels und als Bezeichnung eines – oft vernachlässigten – musikerzieherischen Bereichs im Kindergarten zu verstehen.

Welche Instrumente kommen für die Klangerzeugung und Klanggestaltung im Kindergarten in Frage? Wegen der besseren Übersicht für den Erzieher kann man sie nach der folgenden Gliederung unterscheiden. Es ist jedoch auch hier zu beachten, daß die Gliederung keine Stufung eines methodischen Vorgehens ist. In der Praxis verbinden sich die Klangerzeugungen mittels verschiedener Instrumente miteinander!

● **Klangerzeugung mit dem Mund.** Für die Eigenarten der Klänge, die wir mit dem Mund erzeugen können, gibt es keine verabredeten Wörter oder Bezeichnungen. Wir benennen deshalb typische Tätigkeiten oder *Situationen,* in denen wir Klänge mit dem Mund erzeugen. Das ist zugleich ein methodischer Hinweis: Fordere Kinder nicht auf, abstrakte Mund-Geräusche, Klänge mit dem Mund zu erzeugen, sondern simuliere mit ihnen Situationen, die typische Stimmklänge herausfordern! Beispiele: zischen / schnarchen / schmatzen / gähnen / heulen / flöten / hecheln / wiehern / Knattern eines Motors / Geräusch eines Flugkörpers, der sich entfernt.

● **Klangerzeugung mit vorgefundenen Materialien.** Beispiele: Schütteln eines Schlüsselbundes / Gläser anschlagen, die mit Wasser unterschiedlich gefüllt sind / Reiben über den Rand von Gläsern (Glasharfe) / Metallröhren anschlagen / eine Metallschiene, die an einem Ende festgeklemmt ist, in Schwingungen bringen (singende Säge) / Rascheln von Papier, Metallfolien / ein Eierschneider als „Harfe".

Wenn man Gegenstände, die im Raum vorhanden sind, auf ihre Klangmöglichkeiten hin untersucht, dann gibt es viele Spielmöglichkeiten, um den Hörsinn zu konzentrieren und zu üben und das unterscheidende Hören zu fördern. Dazu ist es angebracht, die Augen zu schließen oder zu verbinden. Die Kinder erkennen (erraten) unter Ausschluß des Sehsinnes Geräusche und Klänge, die andere an Gegenständen im Raum erzeugt haben.

● **Klangerzeugung mit selbstgebauten Instrumenten.** Es hat sich erwiesen, daß auch Kinder im Vorschulalter einfache Instrumente bauen bzw. mit Hilfe von Erwachsenen mit Gewinn erstellen können. Im begrenzten Umfang dieses Buches können technische Einzelheiten zum Bau nicht dargelegt werden. Darum wird auf folgende Arbeitsanleitungen hingewiesen:

Becker, Ingeborg: Musikinstrumente bauen und spielen. Brunnen-Reihe 209 (Kinder-Programm). Christophorus-Verlag, Freiburg 1983.

Eckert, Alex: Das große Instrumenten-Bastelbuch. Liestal (CH) 1975.

Buzasi, Nikolaus: Musikinstrumente aus Krimskrams. Verlag Frech, Stuttgart 1976.

Kälin, Elisabeth / Walther, Dorothee: Musikinstrumente selbst gebastelt. Bern o. H., 1976.

Warskulat, Wilhelm: Instrumentenbau aus Umweltmaterialien. Lilienthal/ Bremen 1978.

Quoos, Hans-Jürgen / Ausländer, Peter: Bau einfacher Instrumente und erstes Zusammenspiel. Rote Reihe Nr. 68, Universal-Edition, Wien 1980.

Walther, Dorothee: Musikinstrumente, selbst gebastelt. Blaukreuz-Verlag, Bern.

Martini, Ulrich: Musikinstrumente – erfinden, bauen, spielen. Anleitungen und Vorschläge für die pädagogische Arbeit, Klett-Verlag, Stuttgart 1980.

Grabinger, Thomas: Musikinstrumente selbermachen. Hörnemann-Verlag, Bonn – Röttgen 1981.

Kraner, Helene: Instrumente – selbst gebaut, Anleitungen zum Bau einfacher Instrumente im Kindergarten und in der Grundschule; in der Zeitschrift MUSIKPRAXIS, Fidula-Verlag, Boppard/Salzburg, Jahrgänge 1979–82 (Hefte 1 bis 13).

Man muß unterscheiden zwischen Klangerzeugern, die von Kindern ohne technische Hilfsmittel gebaut werden können, und jenen Instrumenten, die unter Zuhilfenahme von Werkzeug erstellt werden. Zur ersten Gruppe gehören z.B. Blechbüchsen, Yoghurtbecher, die mit Sand, Erbsen, Steinen gefüllt und verschlossen werden / Zigarrenkisten, über die Gummiringe gespannt werden / Halme, Plastikhalme, die spitz zugeschnitten und angeblasen werden / Gartenschlauch mit Schalltrichter (Einfülltrichter aus der Küche). – Die Herstellung von Instrumenten der zweiten Gruppe erfordert Anleitung und Geduld. Dafür hat man aber um so mehr Freude an einem Instrument, in dessen Bau Zeit, Phantasie und Geschicklichkeit investiert wurden. Solche Instrumente gebraucht man länger als „Primitivinstrumente". Sie werden zum Eigentum der Kinder, welches entsprechend pfleglich behandelt und dessen Klangeigenschaft intensiv erforscht wird. Überlegen Sie doch einmal, welche Instrumente in Zusammenarbeit mit Eltern, insbesondere mit technisch interessierten Vätern, gebaut werden können. Man kann sich hier eine Form der Elternmitarbeit erschließen, die selten berücksichtigt wird.

● **Klangerzeugung auf einfachen Instrumenten, die serienmäßig hergestellt werden.** Man denkt hier vor allem an das sog. Orff-Instrumentarium. Einige dieser von Schlaginstrumentenherstellern gelieferten Instrumente sind im Kapitel 1 vorgestellt. Dort dienen sie vornehmlich der instrumentalen Begleitung von Liedern. Selbstverständlich werden im Kindergarten Orff-Instrumente auch für andere Formen von Klanggestaltungen verwendet. Spielanweisungen zum sog. Orff-Instrumentarium findet man in

Keller, Wilhelm: Einführung in „Musik für Kinder". Schott-Verlag Mainz 1954.
Keetman, Gunhild: Elementaria, Erster Umgang mit dem Orff-Schulwerk. Klett-Verlag Stuttgart 1970.

Je mehr unsere Aufmerksamkeit auf die Länder der sog. Dritten Welt gerichtet sind, um so mehr werden in Europa Instrumente aus außereuropäischen Kulturräumen angeboten. Bei kluger Auswahl kann man einfach zu spielende Instrumente aus Asien und Afrika für die elementare Musikerziehung gut gebrauchen.

● **Klangerzeugung auf Blas-, Streich-, Zupf- und Tasteninstrumenten.** Der Bau dieser Instrumente wurde im Laufe der Geschichte immer mehr verfeinert. Entsprechend komplizierter wurde ihre Spielweise. Deshalb sind sie teuer und kostbar, und ihr Spiel bedarf einer langen und immer wiederholten Übung. Wenn man solche „Kulturinstrumente" in die Arbeit des Kindergartens einbezieht, dann selbstverständlich nicht in der Absicht, mit den Kindern die Erzeugung „schöner" Töne zu üben, die nur ein geübter Spieler zustande bringt. Sie werden vielmehr gebraucht, damit Kinder aus der

Nähe und durch Probieren erfahren, wie diese Instrumente klingen, und welcher Übung es zu ihrem Spiel bedarf. Auf diese Weise kann manchem Kind der Zugang zum Erlernen eines Musikinstruments erschlossen werden.

4. Klanggeschichten

In der musikerzieherischen Praxis in Kindergärten haben sich zahlreiche Beispiele von Klanggestaltungen bewährt. Sie werden zwar verschieden bezeichnet, zum Beispiel als Klangexperimente, Klangspiele, Klanggeschichten, Klangverläufe. Die Methoden und Absichten sind jedoch ähnlich oder gleich. Es geht darum, daß Kinder Klänge selbst finden und sie so zusammenfügen, daß ein musikalisches Ganzes entsteht. Um die Eigenart dieses musikdidaktischen Vorgehens genauer zu erkennen, vergleichen wir es am besten mit der Gestaltung von Liedern. Dort ist ein fertiges musikalisches Stück – das Lied – vorgegeben; es wird – wie wir im Kapitel 1 darzulegen versuchen – *nach*gestaltet. Für den Weg und die Formen der Gestaltung sind Textinhalt und Melodie bestimmend. (Deshalb muß der Erzieher sie vorher analysieren und begreifen.) Bei Klanggestaltungen mittels Instrumenten ist nichts vorgegeben. Klänge sollen entdeckt und zu einem Stück zusammengefügt werden, das auf diese Weise erst entsteht. Wie kann das geschehen?

Als günstige Anlässe und Anreize zu Klanggestaltungen haben sich Geschichten erwiesen. Hier werden einige Beispiele beschrieben, die fortschreitend vielgestaltiger und komplexer werden.

4.1. Wanderer ziehen vorbei

Fordern Sie die Kinder auf, diese kurze Geschichte *mit Hilfe von Klängen* darzustellen:

Von weit her kommen auf einer Straße einige Wanderer näher. Sie wandern an uns vorbei und pfeifen ein Lied. Einer spielt dazu auf der Gitarre. An der Straßenkreuzung wenden sie sich dem Wald zu und entfernen sich mehr und mehr, bis sie verschwunden sind. Man hört einen Kuckuck rufen.

(a) Es ist empfehlenswert, mit einer solchen Klanggeschichte zu beginnen, die nur *einem* Erzählstrang folgt und deshalb nur eine begrenzte Zahl von Klängen erfordert. Wahrscheinlich werden die Kinder, *während Sie erzählen,*

– mit den Fingern auf Tische oder Pauken klopfen, um die Geräusche der Schritte anzudeuten; dabei wird ein durchgehender Rhythmus (entsprechend dem Gehen) entstehen;
– zunächst leise, dann lauter, dann sehr laut, dann leiser werdend klopfen, um das Näherkommen, Vorbeigehen, Verschwinden der Wanderer akustisch darzustellen;
– mit dem Mund pfeifen an der Stelle, an der die Wanderer vorüberziehen;
– eine Gitarre spielen oder sie imitieren wollen;
– am Schluß einen Kuckucksruf nachahmen.

(b) Wenn Sie diesen Ablauf – bei dem also der Erzieher erzählt und die Kinder „passende" Klänge erzeugen – mehrmals wiederholt haben, kann *die Erzählung* mit Worten *wegfallen.* Jetzt hört man nur noch Klopfen (leise – lauter – laut – leiser), Pfeifen, Nachahmung der Gitarre, den Kuckucksruf. Jeder Beteiligte weiß, was diese Geräusche und Klänge bedeuten. Sie bilden eine Klangkette, deren Sinn vom Ablauf der Geschichte bestimmt ist.

(c) In diesem Stadium ist es sinnvoll, miteinander zu überlegen, *wie die Klänge* einzeln und besonders die Übergänge von einem zum anderen Klang bzw. deren Mischung *verbessert werden können.* Das geht besonders gut, wenn Sie das Ganze auf Tonband bzw. Tonkassette aufgenommen haben. Die Kinder sind erfreut, sich bzw. ihre Klangerzeugnisse hören zu können. Bald gibt es auch Vorschläge zu deren Verbesserung. Wir lernen auf diese Weise, die Klänge, die wir unter (a) und (b) spontan erzeugt haben, bewußt unter qualitativem Gesichtspunkt zu hören.

(d) Nehmen wir an, daß der Wunsch aufkommt, dasselbe Musikstück an den nächsten Tagen wieder zu spielen. Dann wird es notwendig, es *aufzuschreiben.* Dieses ist der *Anfang der Notation von Musik* mit selbstgefundenen Zeichen. Ich habe häufig die Erfahrung gemacht, daß Kindergartenkinder gern aufschreiben, was sie zuvor an Musik gemeinsam gefunden haben. – Beim Aufschreiben der Klanggeschichte von den Wanderern wird manches Kind, wenn es nicht beeinflußt wird, auf einer Tapetenrolle, an einer Wandtafel, auf Zeichenpapier unbefangen Menschen malen, vielleicht mit einer Gitarre im Arm, und einen Vogel am Ende einer Reihe von Menschendarstellungen. Viele Kinder schreiben nämlich nicht die *Zeichen* von Klängen auf (denn das muß man lernen), sondern die Klangerzeuger, die Verursacher der Klänge. Das ist übrigens in primitiven Kulturen ebenso. Erst auf einer fortgeschrittenen Stufe schreibt man die Klänge selbst auf; und das geht nur, indem man *Zeichen, Symbole für* Klänge erfindet und verabredet. Im Kindergarten kommt man bald an diese Stelle, dann nämlich, wenn einer merkt, daß das Malen von Menschen mit Gitarren lange dauert und es einfacher geht, wenn man ein Zeichen für die Schritte (genauer: für die Geräusche der Schritte) wählt. So entsteht etwa folgendes Bild von den Klängen, die wir gefunden haben:

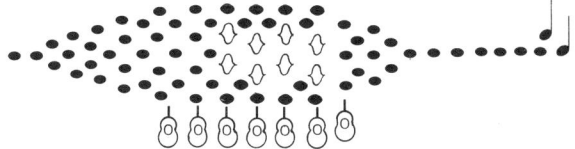

Die Zeichen bedeuten:

   = Geräusche von Schritten; je lauter die Schritte, um so mehr Zeichen.

   = pfeifen; das Zeichen erinnert ein wenig an einen spitzen Mund.

Diese beiden Zeichen malen *nicht* die *Klangerzeuger* (Füße, Mund) ab, sondern sie sind *verabredete Zeichen für Klänge,* die ja unanschaulich sind. Wir sprechen von *symbolischen* Zeichen. Die Klänge der Gitarre jedoch sind durch ein Zeichen dargestellt, das das Instrument vereinfacht, abstrahiert wiedergibt. Dieses ist ein *ikonisches* Zeichen. Die beiden Punkte zur Darstellung des Kukkucksrufs schließlich sind aus der herkömmlichen Notenschrift übernommen.

So wie in diesem Beispiel, so sind Aufzeichnungen von Musik im Kindergarten in der Regel eine Mischung von Symbolen, ikonischen Zeichen und bekannten Notationselementen. Ihre Bedeutung ist nur den Mitgliedern der Gruppe bekannt, die sie erfunden hat. Sie sind nicht ohne weiteres übertragbar. Regen Sie die Kinder Ihrer Gruppe an, eigene Zeichen zu finden! Dazu gibt es keine Vorschriften, denn wir wollen ja (noch) nicht in die Notenschrift einführen. Unsere Absicht ist, daß die Kinder fortschreitend und im Spiel erfahren und erproben, daß und wie man Musik aufschreibt. Die Kernfrage bei der Auswahl von Zeichen in Ihrer Gruppe sollte deshalb sein: Welche von den gefundenen Zeichen geben das Musikstück *für uns* am besten wieder?

(e) Wir können nun die gewonnenen Fähigkeiten und Zeichen nutzen, um Musikstücke zusammenzufügen, die unabhängig von einer Geschichte sind. Spielen Sie z. B. folgendes Stück, indem einer am Notenbild entlang zeigt, alle anderen die Zeichen in entsprechende Klänge übertragen.

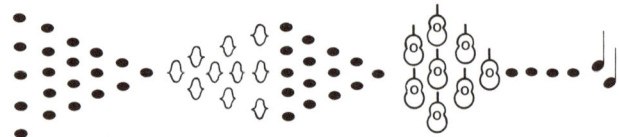

Man wird zuerst lautes Klopfen hören, das leiser wird, / dann Pfeifen, das lauter wird / danach wieder lautes Klopfen, das leiser wird. / Es folgt Gitarrenklang, / dann einzelne Klopfklänge / ein Kukkucksruf. Dieser Klangverlauf hat kaum noch etwas mit der Geschichte von den Wanderern zu tun. Es ist ein neues, „absolutes" Musikstück ohne außermusikalische Bezüge. – Sie können nun sicher selbst neue Klangkombinationen mit den Kindern mittels eigener Notation zusammenstellen.

Vergegenwärtigen wir uns noch einmal den Weg:

(a) Eine Geschichte wird erzählt. Parallel zur erzählten Geschichte erfinden Kinder Klänge.
(b) Die Erzählung entfällt. Es bleibt ein gefügter klanglicher Ablauf.
(c) Der Klangverlauf wird mit Hilfe von Tonträgern gehört und verbessert.
(d) Er wird notiert. Dazu erfinden wir selbst Zeichen.
(e) Die Zeichen werden in eine andere Folge gebracht. Es entsteht ein neues Musikstück.

Diesen Weg können Sie mit vielen Klanggeschichten gehen. Selbstverständlich muß man nicht immer alle Stufen durchlaufen. Es ist schon einiges erreicht, wenn der Text verklanglicht, das Ergebnis kontrolliert und verbessert wird (Stufen (a) bis (c)). Nicht immer müssen Klanggeschichten auch notiert werden. Wenn man allerdings die Stufe (e) erreicht, erfahren und lernen wir, daß Musik nicht stets mit außermusikalischen Vorgaben verknüpft sein muß. Sie kann auf diese Weise auch für Kinder ohne Verbindung mit einem außermusikalischen „Programm" sinnvoll erscheinen. Wie weit man fortschreitet, hängt auch hier vom Interesse der Gruppe, von den Zielsetzungen und vom Engagement des Erziehers ab.

4.2. Der Rabe und der Frosch

Diese Geschichte wurde in einer Kindergartengruppe erdacht; ich habe nur den Schluß hinzugefügt. Versuchen Sie beim Lesen, sich den Verlauf innerlich vorzustellen und unterstreichen Sie jene Wörter, die Sie verklanglichen würden.

Auf einem Baum sitzt ein Rabe. Er lädt den Frosch zum Picknick ein. Mit großen und kleinen Sprüngen hüpft der Frosch über die Wiese. Da bewegen sich viele blaue Glockenblumen zwischen den langen Wiesengräsern. Der Wind bläst durch die Blätter des Baumes. „Komm herauf", ruft der Rabe, „hier gibt es was zu fressen." Der Frosch hüpft am Baumstamm hoch. Aber er fällt immer wieder zurück. Da lacht der Rabe und ruft: „Weil du keine Flügel hast, kannst du nicht zu mir hinauffliegen." „Und du hast kein breites Maul und kannst nicht im Wasser des Teiches liegen", sagt der Frosch. „Quaak, quaak!"

Selbstverständlich gibt es keine Klänge, von denen man sagen könnte, nur sie seien geeignet, eine Situation – z. B. das Hüpfen des Frosches, die Bewegung der Glockenblumen – exakt musikalisch zu kennzeichnen. Das ist weder möglich noch erstrebenswert. Es macht gerade den Reiz aus, in jeder Gruppe neue Klänge zu suchen, weil es die Klangphantasie fördert. Deshalb ist es auch sinnvoll, wenn die Kinder Ihrer Kindergartengruppe ihre Klanggeschichte mit dem Ergebnis der Gruppe Ihrer Kollegin vergleichen. Sofort erkennt man, welche Vielfalt der Möglichkeiten es gibt – Klangphantasie vorausgesetzt.

Wir schreiben hier auf, wie Sie sich auf die Gestaltung dieser Klanggeschichte mit Ihrer Kindergartengruppe vorbereiten können. Auf der linken Buchseite ist die Geschichte zu lesen. Wörter und Situationen, die Kindern Anlaß zur Klangerfindung sein sollen, sind kursiv gedruckt. Achtung! Lesen Sie jeden Satz langsam und geben Sie Zeit zu seiner Verklanglichung! Auf der rechten Seite haben wir *Vorschläge* für eine Verklanglichung notiert. Diese sind nicht verbindlich. Sie dienen dem Erzieher auch für den Fall, daß Kinder keine entsprechenden Einfälle haben.

(1) Auf einem Baum sitzt ein *Rabe*.   Ein Waschbrett wird gerieben.

(2) Er *lädt* den Frosch zum Picknick *ein*.   Alle oder einer mit dem Mund: „raab, raab, raab!"

(3) Mit großen und kleinen Sprüngen *hüpft der Frosch* über die Wiese.

Auf der Rahmentrommel (siehe Seite 15) einen entsprechenden Rhythmus, z. B. lang – kurz – kurz – kurz schlagen. Dieser Rhythmus dauert auch während der Sätze (4) und (5) fort!

(4) Da *bewegen sich* viele blaue *Glockenblumen* zwischen den langen *Wiesengräsern.*

Glockenblumen = Triangelschläge; Wiesengräser: unregelmäßige Töne auf dem Glockenspiel.

(5) Der *Wind bläst durch* die *Blätter* des Baumes.

Entsprechende Geräusche mit dem Mund; mit Papier rascheln.

(6) „Komm herauf" *ruft der Rabe,* „hier gibt es was zu fressen".

Waschbrett wie unter (1), dazu „raab, raab, raab!"

(7) Der *Frosch hüpft* am Baumstamm hoch. Aber er *fällt* immer wieder *zurück.*

Rahmentrommel wie bei (3), jedoch in veränderten Rhythmen. Dann dumpfer Schlag auf die Trommelmitte mit der flachen Hand.

(8) Da lacht der *Rabe* und *ruft:* „Weil du keine Flügel hast, kannst du nicht zu mir hinauffliegen."

Während des ganzen Satzes Waschbrett reiben! Dann „raab, raab!"

(9) „Und du hast kein breites Maul und kannst nicht im Wasser des Teiches liegen", sagt der Frosch.

Ein Kind: „Quaak, quaak!"

Im Vergleich zu der Geschichte unter 4.1 hat diese Erzählung mehr Handlungselemente. Entsprechend zahlreicher sind die Klänge. Einige können auch von einzelnen Kindern übernommen werden. Bitte beachten Sie, wie verschiedene Arten der Klangerzeugung miteinander verbunden werden. Es gibt Klangerzeugung mit vorgefundenen Materialien (Waschbrett, Papier), mit dem Mund und mit serienmäßig hergestellten Instrumenten. Vergleichen Sie dazu die Ausführungen unter 3 in diesem Kapitel.

4.3. Ein Ball

Da liegt ein Ball.	Schlag auf ein hängendes Becken (siehe Seite 41).
Kinder kommen näher.	Mit den Füßen auf den Boden trampeln oder auf Rahmentrommeln oder auf Tische schlagen.
Sie schießen den Ball fort.	Lauter Schlag auf Pauke oder Trommel.
Er rollt ...	Eine Kugel rollt im Innern der Rahmentrommel.
... die Treppe hinunter.	Auf dem Xylophon wird die Tonleiter von oben nach unten gespielt.
Der Ball fällt in eine Pfütze.	Auf die Oberschenkel klatschen / oder auf eine Wasserfläche schlagen.
Er rollt die Straße entlang – weiter, weiter, weiter, bis er nicht mehr zu sehen ist.	Kugel rollt in der Rahmentrommel – leiser und leiser.

Bemerkenswert ist, daß in dieser Geschichte zwei außermusikalische Vorgänge so verklanglicht werden, wie es in der Musik häufig geschieht. Der erste Vorgang: Die Tonleiter auf dem Xylophon abwärts bewirkt beim Hörer die Assoziation einer Bewegung von oben nach unten. Dasselbe geschieht z. B. im musikalischen Märchen „Peter und der Wolf" von Sergej Prokofieff an der Stelle, wenn Peter ein Seil vom Baum herabläßt, um den Wolf zu fangen. Die Streichinstrumente spielen dann ein musikalisches Motiv von oben nach unten, indem die Violinen sehr hoch beginnen; das Motiv wird von den tiefer klingenden Celli übernommen und von den Kontrabässen tief zu Ende geführt. – Der zweite Vorgang: Um darzustellen, wie der Ball am Ende in der Ferne verschwindet, wird das Geräusch der Kugel in der Rahmentrommel immer leiser. Auch dieses Mittel wird in der Musik häufig angewandt. Beispiele aus „Peter und der Wolf": Der Wolf kommt näher; die Jäger kommen aus dem Wald. Näherkommen wird musikalisch durch Lauterwerden, Sich-Entfernen durch Leiserwerden dargestellt.

Beispiele wie diese zeigen die Beziehungen zwischen den musikdidaktischen Bereichen Klänge erfinden und Musik hören.

4.4. Vom vergeßlichen Klaus

Diese Klanggeschichte läßt deutlich die Absicht erkennen, mit ihrer Hilfe die Tonvorstellungen hoch und tief zu fördern.

Mutter ist oben in der Wohnung. Klaus spielt im Sandkasten. Sie ruft ihn zum Essen. Klaus läuft die Treppe hinauf.	ein Kind: „Klaus!"
	Mit hartem Schlegel schnell von tief nach hoch auf jeden Stab des Xylophons schlagen.
„Wo hast du deine Jacke gelassen?" Oh, die liegt am Sandkasten. Klaus läuft zurück.	Xylophon wie vorher, jetzt aber von hoch nach tief.
Jetzt überschlägt Klaus immer eine Treppenstufe, weil er Hunger hat.	Auf dem Xylophon von tief nach hoch, jedoch nur jeden zweiten Klangstab anschlagen.
„Deinen Ball hast du auch noch vergessen." Klaus geht jetzt schneller die Treppe hinunter. Er überschlägt am Ende der Treppe zwei Stufen und tritt kräftig auf die letzte Stufe.	Mit dem harten Schlegel schnell von oben nach unten auf das Xylophon schlagen, am Ende Klangstäbe überspringen und laut auf den untersten Stab schlagen.
Klaus kommt langsam mit dem Ball unterm Arm nach oben.	Mit weichem Schlegel langsam von tief nach hoch auf jeden Xylophonstab schlagen.
Er freut sich, daß er nun essen kann. Da fällt ihm der Ball aus den Händen und die Treppe hinunter.	Mit weichem Schlegel auf jeden zweiten oder dritten Klangstab des Xylophons von hoch nach tief schlagen.

Was nun? Die Kinder überlegen zusammen einen Schluß für die Geschichte, z.B. Klaus läuft schnell die Treppe hinunter und herauf, um den Ball zu holen. / Seine Mutter geht langsam hinunter und herauf, um den Ball zu holen. / Beide gehen, um den Ball zu holen. Entsprechend wird auf dem Xylophon gespielt. – Noch sinnvoller ist es, einen möglichen Schluß nicht zu erzählen, um ihn dann zu verklanglichen, sondern auf dem Xylophon eine Figur zu spielen, deren Bedeutung die Kinder entschlüsseln müssen.

5. Verklanglichte Sprechverse und Gedichte

Gedichte erzählen Ereignisse in Form von Zeilen und Strophen. Diese sind nach einem sprachlichen Betonungsschema geordnet; und meistens sind Zeilen durch Reime miteinander verbunden. Gedichte haben mit Geschichten gemeinsam, daß sie einen uns interessierenden Vorgang erzählen, der sich wie bei Klanggeschichten in die Ebene von Klängen übertragen läßt. Gedichte haben mit Liedern gemeinsam, daß ihre Sprachform (im Unterschied zu Erzählungen) nicht frei, sondern aufgrund von Sprachrhythmen geordnet ist. Dieser Betonungsablauf der Sprache läßt sich in musikalischen Rhythmus und in musikalischen Takt übertragen. Wenn wir Gedichte verklanglichen, dann bieten sich also dazu zwei Anlässe an, nämlich Situationen, die wie bei Klanggeschichten in Klänge übertragen werden, und der Sprachrhythmus, welcher zum rhythmisierten und taktierten Sprechen wird. Das rhythmische Sprechen kann durch Schlaginstrumente (Rahmentrommel, Holzblocktrommel, Triangel) unterstützt und präzisiert werden. Dafür zwei Beispiele.

 **5.1. Regen**

Regen regnet jeden Tag,
regnet bis zum Donnerstag,
Donnerstag hat's aufgehört,
denn ich hatte mich beschwert.

a) Der Vers wird in beliebigem Tempo und Rhythmus vor- und nachgesprochen. Die Kinder ahmen dabei Regengeräusche nach, indem sie z. B. mit den Fingerspitzen auf Tischplatten oder Trommeln trommeln. Beachten Sie, daß die Geräusche unterschiedlich sind, je nachdem, ob der Regen prasselt, in kleinen Tropfen gelegentlich fällt oder gleichmäßig als Dauerregen (Schnürlregen) niedergeht. Das kann man klanglich ausspielen, nämlich bevor der Text gesprochen wird und nach der ersten wie der zweiten Zeile. Beim Wort „aufgehört" verstummen plötzlich die Geräusche. Nach spannungsvoller Pause heißt es: „Denn ich hatte mich beschwert". Dabei sollte man energisch in die Hände oder auf den Tisch schlagen. – Beginn und Schluß des Sprachspiels werden durch einen Schlag auf ein hängendes Becken angezeigt.

b) Während wir uns bisher wie bei einer Klanggeschichte verhalten haben, wird jetzt der Vers rhythmisiert gesprochen, und zwar in folgendem Rhythmus:

29

sprechen: $\frac{2}{4}$ ♪♪♪♪♪ | ♪♪♪ | ♪♪♪♪♪ | ♪♪♪ | – *usw.*

　　　Regen regnet jeden Tag, regnet bis zum Donnerstag. – usw.

schlagen: $\frac{2}{4}$ X X X X | X X X | X X X X | X X X | – *usw.*

Parallel zum Sprechen wird der Rhythmus durch Schlagen in die Hand, auf die Tischplatte, auf Schlaginstrumente verstärkt und verdeutlicht. Schließlich wird der Text geflüstert und bald nicht mehr gesprochen – aber innerlich weiterhin mitgehört! Auf diese Weise wird der Rhythmus vom Sprechvers abgehoben.

c) Der rhythmisch gesprochene Vers wird durch Instrumente begleitet. Man schlägt einen Zweiertakt auf allen verfügbaren Instrumenten und spricht – nachdem die Instrumente begonnen haben! – synchron dazu wie unter b).

30

d) Schließlich kann man mit dem Vers – in der Sprache von Kindern – noch einigen „Quatsch" machen und dabei spielend dynamische Veränderungen erleben.

– Wir sprechen in mittlerer Lautstärke. Die Wörter „Regen" und „regnet" jedoch werden sehr laut gesprochen, das Wort „Donnerstag" geflüstert.
– Jede Zeile wird flüsternd begonnen und endet laut rufend.
– Jede Zeile wird am Anfang so laut wie möglich, dann immer leiser, am Ende flüsternd gesprochen.
– Die Lautstärke steigert sich langsam bis zum Wort „aufgehört", das noch mit einem Schlag wie unter a) verstärkt wird. Die letzte Zeile wird geflüstert.

Nach unserer Erfahrung müssen Sie jeden Vorschlag mehrmals durchspielen, weil man zunächst vor lauter Lachen nicht weiter kann.

5.2. Verblühter Löwenzahn

Wunderbar stand er da im Silberhaar. –
Aber eine Dame,
Annette war ihr Name,
machte ihre Backen dick, machte ihre Lippen spitz,

blies einmal mit Macht,
blies zweimal mit Macht,
blies dreimal mit Macht,
blies ihm fort die ganze Pracht. –
Und er blieb am Platze zurück mit einer Glatze.

(Josef Guggenmos)

Wie wir im Kapitel 1 es bei einigen Liedern als notwendig erkannten, so sollte auch dieses Gedicht in eine entsprechende
thematische Wochen- oder Monatsplanung eingebunden
werden. Dadurch werden die Erfahrungen ermöglicht, die
zum Verstehen und zum Gestalten des Verses Voraussetzung sind. Dazu mögen hier einige Hinweise genügen.

Durch Beobachtung und Information werden folgende Gesichtspunkte herausgestellt:

– Das Aussehen der Blätter; woher die Pflanze ihren Namen hat.
– Das Aussehen der Blüte: gelbe Farbe, in der Intensität gestuft /
  hundert bis zweihundert Einzelblüten.
– Der verblühte Löwenzahn: Zahlreiche zarte Haarkronen. An ihnen hängt ein Stielchen und die Frucht. Die Kronen sind weiß, sil-
  bern, silbergrau; die Früchte sind braun.
– Kinder blasen gegen die „Pusteblume" mit vollen Backen / mit
  spitzem Mund. Wann geht es besser?
– Wir beobachten: Die Haarkronen segeln durch die Luft wie Fall-
  schirme, wie Luftballons, wie ... (Suche weitere Bezeichnungen!). Wenn alle Samenstielchen weggeblasen sind, bleibt der
  kahle Fruchtstand übrig. Die Kinder werden angehalten, passende Bezeichnungen zu finden, z. B. Sieht aus wie ein Ball, ein
  Kürbis, eine Kugel.

a) Darbietung des Gedichtes. Der Erzieher spricht den Vers vor.
Dabei zeigt er einen verblühten Löwenzahn „mit Silberhaar" und einen leergeblasenen Stengel „mit einer Glatze". – Wenn das Geläch-
ter der Kinder verstummt ist, mehrmalige Wiederholung der Darbietung. Dabei machen die Kinder Gesten mit, z. B. Backen dick, Lippen spitz.

b) Der Vers wird im Rhythmus und in der Taktbetonung vor- und
nachgesprochen, wie es unten im Notenbild zu sehen und auf der
Tonkassette zu hören ist. Achten Sie auf genaues rhythmisches
Sprechen, auf die Pausen und auf den Taktwechsel. Allerdings muß
nicht alles an einem Tag erreicht werden.

c) Nun wird das rhythmische Sprechen mit Instrumentenklang unterstützt und durch Stimmgeräusche erweitert. Die Instrumente
werden von einigen Kindern gespielt, die Mundgeräusche (blasen)
von allen erzeugt. Weil es schwierig ist, die musikalischen Einzelheiten zu beschreiben, ist zu empfehlen, das Stück mittels Tonkassette zu hören und im Notenbild mitzulesen.

Die Zeichen bedeuten:
△ = eine oder mehrere Triangeln / ⬚ = Holzblocktrommeln
(siehe Seite 24) /⏄= Beckenschlag / ◉ = Blasgeräusche mit
dem Mund.

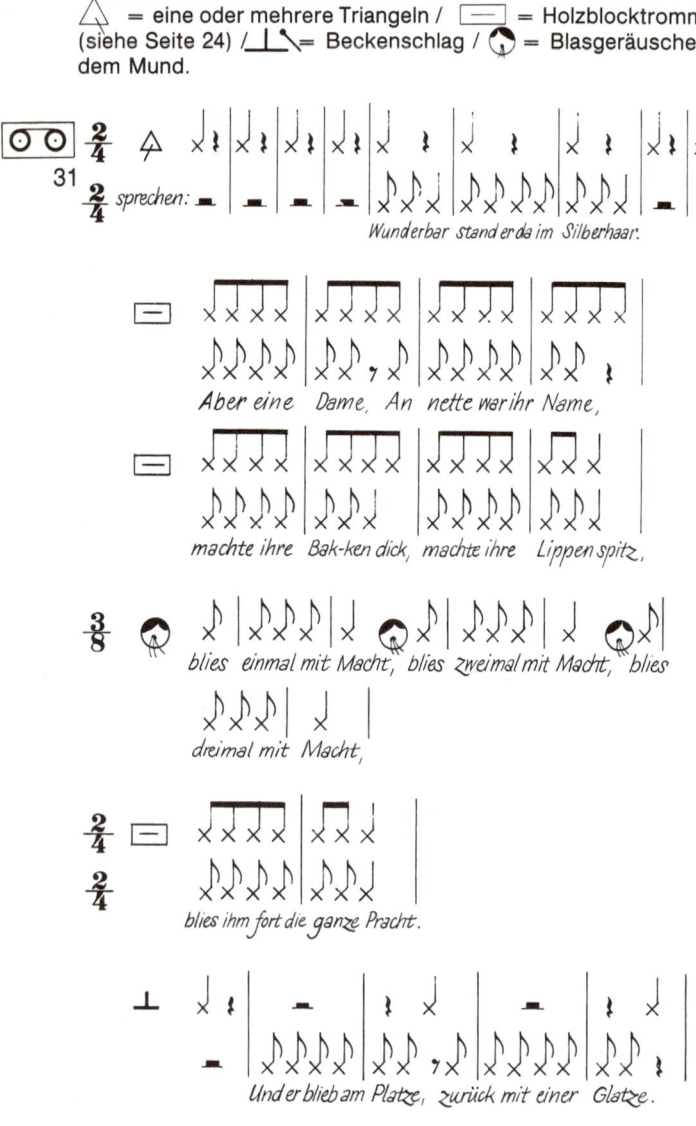

Wunderbar stand er da im Silberhaar.

Aber eine Dame, An nette war ihr Name,

machte ihre Bak-ken dick, machte ihre Lippen spitz,

blies einmal mit Macht, blies zweimal mit Macht, blies

dreimal mit Macht,

blies ihm fort die ganze Pracht.

Und er blieb am Platze, zurück mit einer Glatze.

6. Musikdidaktischer Kommentar

Der in diesem Kapitel angesprochene Inhaltsbereich früher Musikerziehung wurde seit etwa 1970 mehr und mehr erschlossen. Mit ihm lassen sich verschiedene musikpädagogische und auch allgemeinerzieherische Absichten verbinden. Statt einer in sich schlüssigen Begründung (die noch gar nicht gegeben werden kann) möchte ich

● *einige zentrale Ziele*

nennen, die dem Erzieher bewußt sein sollten, wenn er Klanggeschichten und Klangspiele im Kindergarten gestaltet.

– Zuerst und vor allem ist es unsere Absicht, schöpferische Kräfte und die *Klangphantasie des Kindes* zu wecken und zu fördern. Wir wollen dem Kind zu einer emotional bestimmten, intuitiven und nicht auf Sprache angewiesenen Musikerfahrung durch Erfindung von Klängen verhelfen.

– Die *Lust zum Musikmachen* soll durch erfinderisches Experimentieren und entdeckendes Lernen gestärkt werden. Motivationen sind um so stärker, je mehr Anregungen, Entdeckungen, Neuigkeiten und Erfolgserlebnisse mit einem Lernprozeß verbunden sind. Das ist in diesem Inhaltsfeld besonders leicht möglich.

– Die Kinder gewinnen manche Klänge, die instrumental ausgeführt werden, durch das *Beobachten akustischer Erscheinungen in ihrer Umwelt*. So wird das Hinhorchen auf Tierstimmen und auf Geräusche und Klänge in der Natur (z. B. Regen, Wind, Wasser) gefördert und im Zusammenhang damit deren Wiedererkennen, Nachahmen, Zuordnen und Bezeichnen. Vergleichen Sie dazu auch das Klangspiel durch Nachahmung von Tierstimmen in Kapitel 1, S. 37, und zur Verklanglichung eines Liedinhalts Seite 25.

– Das Erforschen der Klangmöglichkeiten verschiedener Materialien ist eine Urlust des Menschenkindes. Es sollte viel mehr Berücksichtigung finden, weil es die *Freude am Ausprobieren von Klängen* und an der Erfahrung von Klängen durch *eigene* Erzeugung steigert und die Lust am Improvisieren.

– Klangexperimente können auch im Kindergarten mit selbstgefundenen grafischen Zeichen aufgeschrieben, notiert werden. Sie sind eine Gelegenheit, in die *Notation von Musik* in einfacher Weise einzuführen.

– Neben dem musikalischen Lerngewinn können Klangspiele in einer besonderen Weise auch einen *Zuwachs im
sozialen Verhalten* ermöglichen. Sie bringen eine besondere
Art von Gruppenprozessen in Gang. Wenn Klänge gemeinsam gesucht und zu einem sinnvollen Ganzen gefügt
werden, dann ist es notwendig, daß man aufeinander hört,
anerkennt, was ein anderer entdeckt hat, zu Korrekturen
und Verbesserungen bereit ist und zu Reaktionen auf andere fähig wird.

● *Tonband und Kassette im Kindergarten*
Einen besonderen Rang nehmen für die Verbesserung von
Klanggestaltungen Tonbandgerät bzw. Kassettenrecorder
ein. Wenn man sie selbstverständlich in die Arbeit einbezieht,
um auf diese Weise die Klangergebnisse der Gruppe mit allen
Kindern distanziert hören zu können, dann lernen Kinder
damit zugleich, mit technischen Mittlern *produktiv* umzuge-
hen. Die Geräte werden nicht zum passiven Konsum benutzt, sondern von Anfang an als Mittel genutzt, mit denen
man in positiver Weise aktiv mit Musik umgehen kann.
Auch im Kapitel 1 wurde bei verschiedenen Gelegenheiten
dargelegt, daß ein Aufnahme- und Wiedergabegerät für die
frühe Musikerziehung besonders dienlich sein kann. Selbstverständlich kann man auch diese – wie alle technischen Geräte – mißbrauchen, dann nämlich, wenn die Aufmerksamkeit allein auf die technischen Abläufe gerichtet wird, anstatt
diese in den Dienst des aufmerksamen und genießenden Hörens zu stellen. Wir müssen mit Tonbandgerät, Kassettenre-
korder und Schallplattenspieler so umgehen lernen, daß sie
uns als Mittel der Lebensgestaltung zur Verfügung sind und
uns nicht zum inaktiven, abhängigen Konsumenten degra-
dieren.
Deshalb sind für jeden Kindergarten gute Geräte dringend
wünschenswert – und ebenso eine Aus- und Fortbildung der
Erzieher im pädagogisch begründeten Gebrauch dieser Geräte.

● *Geschichten erfinden*
Für eine Musikerziehung, die sich eigener Klanggestaltungen bedient, ist es ganz wichtig, mit Kindern auch eigene Geschichten zu erfinden, die sich verklanglichen lassen. Wann
immer man in Kindergartengruppen damit begonnen hat,
waren die Ergebnisse erstaunlich. In der Ausgestaltung der

Geschichten wird man auf Situationen achten, die sich besonders gut durch Klang darstellen lassen. Bevor Sie also zu
den unten genannten literarischen Hilfen greifen, versuchen
Sie doch möglichst, mit Ihren Kindern kurze Geschichten
selbst zu erfinden. Warum sollte eine Kindergartengruppe
nicht eine Sammlung selbstgefundener Klanggeschichten anlegen und anderen vorspielen, so wie sie auch ein Repertoire
von Liedern und eine gewachsene Anzahl von Bildern bzw.
selbstgemachten Bilderbüchern ihr eigen nennt?

Weitere Anregungen findet man in folgenden Büchern:
Meyer-Denkmann, Gertrud: Klangexperimente und Gestaltungsversuche im
   Kindesalter. Universal Edition Wien 1970, Rote Reihe Heft 11.
Neuhäuser, Meinolf: Klangspiele. Diesterweg-Verlag 1975.
Schwarting, Jutta: Da capo – Klingende Geschichten für Vor- und Grund-
   schulkinder. Fidula-Verlag 1976.
Abel-Struth, Sigrid: Musikalischer Beginn in Kindergarten und Grundschule,
   Band 3. Materialien; Bärenreiter Verlag Kassel 1977.
Berzheim, Nora und Meier, Ursula: Aus der Praxis der elementaren Musik-
   und Bewegungserziehung, Band 2. IFP – Staatsinstitut für Frühpädagogik;
   Auer Verlag Donauwörth 1977.

Musikerziehung durch Bewegung

1. Kinder äußern sich durch Bewegung und Klang

Die Bedeutung der Körperbewegung für die frühe Musikerziehung ist viel größer, als es der Umfang dieses Kapitels vermuten lassen könnte. Das Prinzip der Musikerziehung durch Bewegung im Raum ist nicht nur deshalb plausibel, weil Kinder sich – wie jedermann weiß – gern bewegen. Das ist eine mehr vordergründige, pragmatische Begründung. Bewegung als Weg der Musikerziehung erhält ihre eigentliche Rechtfertigung durch die Tatsache, daß Musik selbst Bewegung ist, genauer: Durch Musik äußern wir innere Bewegungen. Kinder aber drücken die Bewegung ihrer Gefühle auch und gern durch den Körper aus, besonders dann, wenn diese sehr stark sind. Ausdruck durch Musik und durch Körperbewegung hat bei ihnen eine sehr enge Verbindung.

Ein vergnügtes Kind hüpft. Ein Kind, das sich über einen Erfolg, z.B. beim Spiel, freut, reißt seine Arme hoch und springt in die Luft. Wenn es seine Großmutter kommen sieht, läuft es ihr entgegen und umarmt sie um den Hals – vorausgesetzt, daß die Großmutter ein liebenswerter Mensch ist. Täglich können wir beobachten, wie Kinder – wenn ihnen der Freiraum dazu gegeben ist! – sich durch Körperbewegungen ausdrücken. Die meisten Jugendlichen und Erwachsenen verlieren die Fähigkeiten, die angemessenen Formen und die Freude an spontaner Äußerung von Gefühlen durch den Körper. Dieser Mangel dürfte ein Grund dafür sein, daß die Bewegung als Mittel der Musikerziehung im Kindergarten und in der Grundschule wenig genutzt wird.

Kinder äußern ihre Gefühle aber auch durch Klang. Oft summt oder lallt ein zufriedenes Kind vor sich hin. Kinder, die sich über einen Erfolg freuen, schreien auf. Ein Kind, das seine Puppe zum Schlafen hinlegt, äußert eine Mischung von Sprachklängen und melodischen Floskeln, die nicht vorgegeben sind. Und ein Kind, das tief traurig ist, weint vernehmlich und stößt Klageschreie aus. –

Es mag sein, daß solcherlei Äußerungen von Kindern relativ selten vorkommen. Kann es nicht daran liegen, daß sie sich an die genormten Äußerungsformen der Erwachsenenwelt zu früh anpassen müssen und getadelt werden, wenn ihre spontanen Äußerungen ausdauernd, bewegungsstark, laut und anders sind, als Erzieher es für richtig halten?

Wohl in jeder Kindergartengruppe gibt es Kinder, die nicht zufrieden vor sich hinsummen, die nicht vergnüglich hüpfen, die kein noch so beeindruckendes Ereignis „vom Stuhl reißt". Sie schreien manchmal, aber dann hört es sich wie eine Explosion an, ohne Richtung und Maß, nicht wie Ausdruck einer inneren Bewegung. Irgend etwas ist da nicht gesund, und dafür gibt es zahlreiche Ursachen und Anlässe. Manches Kind ist bewegungsgehemmt, weil es seelisch gehemmt ist, ausdrucksschwach, weil es gefühlsarm ist. Denn zwischen der Intensität und dem Ausmaß der Gefühle eines Menschen und den Formen ihres Ausdrucks durch Bewegung und Klang besteht ein Wechselbezug. Wer stark erlebt, möchte das auch durch entsprechende Formen ausdrücken können, und wer sich nicht äußern kann, verkümmert und erkrankt in seinem Gefühlshaushalt. Viele Musikpädagogen sind deshalb mit guten Gründen der Meinung, das seelische Leben und Erleben gerade von Kindern durch Bewegung nach und mit Musik, durch rhythmisch-musikalische Erziehung beeinflussen, vertiefen, verlebendigen und sie zu angemessenen Formen des Ausdrucks befähigen zu können. Insofern hat Musikerziehung durch Bewegung nicht nur eine musikpädagogische Bedeutung, sondern auch therapeutische Wirkungen.

2. Es tanzt ein Bi-Ba-Butzemann

Bezeichnend für die Praxis der Bewegungserziehung und der Musikerziehung durch Bewegung im Kindergarten ist ihre Verbindung mit Liedern, Erzählungen, Versen und Spielsituationen. Das möge durch die Erzählung und das Lied vom Bi-Ba-Butzemann verdeutlicht werden. Es war für viele Erzieher ein erfreulicher Einstieg und der erste Anlaß, die Bewegung in die Kindergartenpraxis einzubeziehen.

(1) **Lied und Bewegung**

Das Lied vom Butzemann dürfte aus der Geschichte des Kindergartens stammen. Es ist ein Spiegel seiner Spiel-Tradition. Man kann es sich ohne Bewegung gar nicht vorstellen. Was geht da vor sich? Eine märchenhafte Figur, deren Herkunft und Aussehen nicht näher zu bestimmen sind, tanzt „in unserm Kreis herum". Der Butzemann wird durch ein Kind dargestellt, welches Bewegungen parallel zum Gesang der Gruppe ausführt. „Tanzen" bedeutet für dieses Kinderlied nicht Bewegung in einer Formation von Tänzern, sondern hüpfen, springen, Arme und Beine werfen, „sich rütteln", „sich schütteln" – beides läßt dem Kind im Kreis viel Spiel-Raum! – und ein „Säcklein hinter sich werfen". Der Ablauf zeigt sehr deutlich, daß das Lied allein dazu dienen soll, daß ein Kind sich nach seinen Einfällen bewegen kann, während die anderen singen. Wenn das geschieht und jedes Kind als einzelnes als Butzemann zum Bewegungsspiel gekommen ist, hat es seinen Sinn erfüllt. Es geht davon aus, daß ein Lied Kindern offenbar genügt, wenn es der Einheit von Singen und Bewegung Rechnung trägt. (Es ist sehr aufschlußreich, wenn man diesen Kinderliedtyp mit jenen Liedern vergleicht, die im Kapitel 1 dargestellt wurden.)

Empfehlungen für die Einführung:

● Alle stehen im Kreis. Der Erzieher singt das Lied vor und macht dazu entsprechende Bewegungen. Dann macht ein Kind die Bewegungen, während der Erzieher singt. Nach und nach können alle mitsingen. Das Lied wird so oft gesungen, bis alle die Rolle des drolligen Männleins gespielt haben.

(Abschnitt A)   Volksweise. Fassung: Hermann Große-Jäger

Es tanzt ein Bi-Ba-Butzemann in unserm Kreis herum, widibum.

(Abschnitt A)

Es tanzt ein Bi-Ba-Butzemann in unserm Kreis herum,

(Abschnitt B)

Er rüt-telt sich, er schüt-telt sich, er wirft sein Säcklein hinter sich.

(Abschnitt A)

Es tanzt ein Bi-Ba-Butzemann in unserm Kreis herum.

In das Notenbild sind die Bezeichnungen der Melodieabschnitte eingeschrieben. Sie dienen uns später zur Verständigung beim Tanz unter (3).

●● Wenn der Spaß an diesem Spielablauf gesättigt ist, können weitere Strophen gesungen werden. Sie lenken die Bewegungen in bestimmte Richtungen.

2. *Es tanzt ein Bi-Ba-Butzemann*
   in unserm Kreis herum (widibum).
   Er hüpft zu Anja, springt zu Klaus,
   er packt sein volles Säcklein aus.

3. *Es tanzt ein Bi-Ba-Butzemann*
   in unserm Kreis herum (widibum).
   Jetzt ruft er: Ich muß wieder gehn;
   da sagen wir: Auf Wiedersehn!

●●● Schließlich kann das Lied auch mit Stabspielen begleitet werden. Auf Xylophonen, Metallophonen spielen einige folgende Ostinato (von R. R. Klein):

Der Ostinato dient auch als Vorspiel. Alle fallen singend ein, während ein Kind im Kreis die Bewegungen macht.

(2) Hinführung zum Tanz durch eine Geschichte

Wenn das Lied zum Besitz der Gruppe geworden ist, weiten wir das Thema durch eine Geschichte aus, die in einen Tanz mündet. Man sollte den Anfang machen durch ein phantasieanregendes Rundgespräch. Dazu sitzen die Kinder im Kreis, am besten auf dem Boden, damit man später zum Tanzen nicht die Stühle wegräumen muß. Der Erzieher fragt:

„Kennst du den Bi-Ba-Butzemann?" Die Antworten zeigen uns, welche Vorstellungen durch das Bewegungsspiel unter (1) entstanden sind. Das geht oft bis zu Einzelheiten, die wahrscheinlich auch durch Assoziationen zu anderen Märchenfiguren herausgelockt werden, wie z. B.: Der Butzemann „hat eine lange, rote Nase", „eine rote Zipfelmütze", „sieht lustig aus und lacht", „hüpft im Wald auf einem Bein". – Der Erzieher führt weiter: „So könnte der Bi-Ba-Butzemann aussehen. Von ihm erzähle ich euch eine Geschichte."

Der Text (von Almuth Granas, Herzebrock) muß nicht wörtlich erzählt werden. Sie können auch den Namen der Maus Trinchen ändern, wenn Ihnen dieser typisch westfälische Vorname nicht passend erscheint, und ihn durch einen aus Ihrer Landschaft ersetzen.

Der kleine Bi-Ba-Butzemann lebte im Wald im Wurzelhaus. Alle Tiere waren seine Freunde, denn er war immer lustig, tanzte gern und erzählte viele Geschichten. Die kleine Maus Trinchen hatte der Bi-Ba-Butzemann von allen Tieren am liebsten, denn Trinchen war immer fröhlich und guter Dinge. Eines Tages – es war gerade Sonntag – huschte Trinchen durch den Wald. Sie wollte zum Wurzelhaus und ihren Freund, den Bi-Ba-Butzemann besuchen. Aber was war das? Sie fand ihn draußen nicht, und als sie zu ihm ins Haus kam, sah sie das Unglück! Der Bi-Ba-Butzemann lag in seinem Bett und rührte sich nicht. Er hatte die Augen geschlossen, regte sich nicht, konnte nicht mehr mit dem Kopf wackeln, mit dem Arm nicht und mit dem Fuß auch nicht. Angstvoll fragte Trinchen: „Bi-Ba-Butzemann, was ist mit dir?" Als er nicht antwortete, lief Trinchen eilig zu der alten Eule und dachte, sie würde bestimmt einen Rat wissen. „Eule", sagte Trinchen, „weißt du, was geschehen ist? Der Bi-Ba-Butzemann ist krank. Er kann nicht mehr mit dem Kopf wackeln, mit dem Arm nicht und mit dem Fuß auch nicht!" – „Das ist doch wohl nicht wahr", sagte die Eule und schüttelte bedenklich den Kopf. Dann sagte sie: „Wir müssen sofort zur kleinen Hexe und sie um Hilfe bitten!" – So flog die Eule eilends zur kleinen Hexe. „Kleine Hexe", sagte sie, „hast du schon gehört?" – „Was denn", fragte die kleine Hexe, „was ist denn los, du bist ja ganz aufgeregt!" – „Denk dir", sagte die Eule, „der Bi-Ba-Butzemann ist krank! Er hat die Augen zu, kann nicht mit dem Kopf wackeln, mit dem Arm nicht und mit dem Fuß auch nicht!" – „Mhhh, mhhh", machte die kleine Hexe, „da muß ich eine gute Medizin zubereiten." – Sie begann sofort damit. Nach einer Weile war die Medizin fertig. Vorsichtig goß die kleine Hexe die Medizin in eine Schüssel, schwang sich auf ihren Besen und kam mit der Eule zusammen zum Wurzelhaus. – Da sah sie schon das Unglück! Mit geschlossenen Augen lag der Bi-Ba-Butzemann in seinem Bett und regte sich nicht. Ganz leise ging die

*kleine Hexe zu ihm, streichelte ihn und flößte ihm Medizin ein. Ja,
und dann passierte es! Der Bi-Ba-Butzemann öffnete die Augen,
wackelte mit dem Kopf, mit den Armen, mit den Beinen, und ... er
sprang aus dem Bett. Und was meint ihr, was der Bi-Ba-Butzemann
dann gemacht hat! Getanzt hat er, und die Maus Trinchen und die
Hexe und viele Tiere tanzten mit ihm. Ich zeige euch, wie sie getanzt
haben.*

(3) Vermittlung der Tanzform / Kindergarten-Mixer

Nach dem letzten Satz „... und ich zeige euch, wie sie getanzt haben" lassen Sie sogleich die Musik erklingen, damit
Spannung und Neugierhaltung der Kinder direkt zum Tanz
überleiten.

Alle bilden einen Kreis. Der Erzieher macht die Bewegungen vor, die Kinder machen sie nach. Achtung! Bewegungen
nicht erklären, sondern *machen!* Die Schritte sind so einfach,
daß sie auch von jüngeren Kindern mitgemacht werden können. Es kommt dabei nicht auf die Beherrschung aller Einzelheiten an. Rechnen Sie damit, daß einige Kinder zunächst
den rechten und linken Fuß verwechseln.

Der „Kindergarten-Mixer" (Quelle: FidulaFon 1196, Fidula-Verlag,
Boppard/Salzburg) hat vier Melodieabschnitte. Die Abschnitte A
und B können Sie am Notentext oben ablesen. Hinzu kommen die   33
Abschnitte C und D. Alle Teile sind gleich lang, nämlich je 4 Takte.
Die Abschnitte erklingen in dieser Folge: A A B A C D C D. Jeder
Abschnitt bekommt eine eigene Bewegungsart. Sie sollten sie –
möglichst zusammen mit Kolleginnen – für sich üben, bevor Sie mit
Kindern tanzen. Je häufiger man sie zur Musik macht, um so selbst-
verständlicher gelingen die Bewegungsfiguren. Die Skizze auf Seite
124 zeigt, was zu tun ist.

(4) Möglichkeiten der Vertiefung

– Jedes Kind malt eine Situation aus der Geschichte. Daraus
  kann ersichtlich werden, was besonders beeindruckt hat.
– Die Geschichte wird als Rollenspiel dargestellt.
– Der Tanz wird zu besonderen Anlässen, z. B. Geburtstag
  getanzt. Vorher erzählt einer die Geschichte.

Länge in Takten		Klang-ab-schnitt
4	Alle stehen im Kreis. Hände sind durchgefaßt. Warten, bis A beginnt!	**Vor-spiel**
8	Rechte und linke Ferse im Wechsel **achtmal** auftippen und anstellen.	**A** **A**
4	Mit **vier** Schritten zur Kreismitte gehen und wieder zurück	**B**
4	Rechte und linke Ferse **viermal** auftippen und anstellen	**A**
$\overline{}$ .. 4	Hände loslassen! **Vier** Sprünge am Platz. Arme mit hochnehmen.	$\overline{}$ .. **C**
4 .. $\overline{}$	Jedes Kind dreht sich am Platz um sich selbst. Hände in die Hüften stützen, dazu Wackelbewegungen	**D** .. $\overline{}$

Jetzt folgt derselbe Ablauf noch zweimal, jedoch ohne Vorspiel.

3. Grundfähigkeiten, Musik und Bewegung zu verbinden

Geordnete, gemeinsame Bewegungen im Raum, die wir Tanzen nennen, erfordern einige Fähigkeiten, die nicht jedem Menschenkind ohne weiteres gegeben sind. Wir wollen sie am Beispiel des „Kindergarten-Mixers" bewußt machen (siehe unter 2).

● Zunächst muß jedes Kind im Wechsel mit der linken und rechten Ferse auf den Fußboden tippen und die Füße entsprechend anstellen. Das weist auf den Faktor *Körperbeherrschung* hin.

● Mit einer bestimmten Zahl von Schritten gehen die Kinder zur Kreismitte und zurück. Hier wird der Aspekt der *Raumerfahrung* sichtbar.

● Nun läßt man die Handfassung los; die Kinder sind also nicht mehr durch die Nachbarn und den Kreis „gesichert". Sie springen am Platz und drehen sich um sich selbst. Die Kinder müssen also *Bewegungen selbständig* und – bei späteren Beispielen – erfinderisch *durchführen.*

● Alle Bewegungen müssen in einer bestimmten Zeitdauer und entsprechend den Betonungsschemata der Musik ausgeführt werden; diese werden durch die Länge der Melodieabschnitte und die Takte vorgegeben. Das fordert ein *Gefühl für Zeitabläufe in der Musik* und die Fähigkeit, sie zu *hören.*

Die bezeichneten Fähigkeiten sind – wie gesagt – nicht bei jedem Menschen vorhanden. Aber sie können entfaltet und geübt werden. In der Praxis der rhythmisch-musikalischen Erziehung (Rhythmik) wurden seit Jahrzehnten zahlreiche Wege und Methoden zur Förderung der Grundfähigkeiten, die Körperbewegung zur Musik in Beziehung zu bringen, entwickelt. Einige Vorgehensweisen werden hier angeführt. Sie lassen sich mit vielen Themen verbinden und deshalb in variierter Form oft wiederholen. Ihr Ziel ist, Kinder mehr und mehr zu befähigen, Musik und Bewegung so miteinander zu verbinden, daß musikalische Abläufe durch Bewegung erfahren und bewußt werden und die Bewegungen im Raum durch Musik gestaltet werden.

(a) Bewegungen im Raum ohne musikalische Vorgaben

Die Kinder bewegen sich in einem selbst gewählten Tempo durch den Raum, ohne einander anzustoßen. Allmählich bildet sich ein Grundmaß heraus, in dem sich alle einheitlich bewegen. Der Erzieher nimmt dieses Metrum auf und verdeutlicht es durch Schlagen auf der Handpauke (Rahmentrommel, s. Seite 15). Wenn notwendig, werden Tempo und Bewegungsformen durch geeignete Anstöße des Erziehers variiert, z. B. hüpfen (wie ein Frosch, wie ein Kalb) / laufen auf allen Vieren (wie ein Hund) / schleichen (wie eine Katze) / rückwärts gehen / seitwärts gehen. Das Ziel ist, den ganzen zur Verfügung stehenden Raum zu erfassen und ihn für die Bewegung zu nutzen. Grundübungen dieser Art sollten möglichst oft, am besten zu Beginn jeder musikalischen Einheit durchgeführt werden. Wir müssen dazu immer neue Anlässe finden und Situationen simulieren. Lassen Sie sich mit Ihren Kindern zu den obigen Stichwörtern, z. B. hüpfen wie ein Frosch, weitere Beispiele einfallen. Beachten Sie auch die Vorschläge zur Bewegungserziehung, die wir im Zusammenhang mit Liedeinführungen gemacht haben: Wir bewegen uns wie Bären (Seite 15), – Kinder bewegen sich wie Pferde (Seite 86).

(b) **Ein Grundmaß ist vorgegeben**

● Der Erzieher schlägt auf der Rahmentrommel ein Grundmaß in gleichbleibendem Tempo. Die Kinder bewegen sich in Entsprechung dazu durch den Raum, ohne irgendwo anzustoßen. Sobald die Rahmentrommel nicht mehr zu hören ist, bleiben sie stehen (setzen sich hin; heben die Hand hoch; – oder ähnliche Zeichen). – Bei Wiederholungen werden das Tempo und der Takt verändert.

●● Man singt ein Lied und geht dazu durch den Raum. Am Ende jeder Strophe bleiben alle stehen; am Ende des Liedes ist jeder wieder auf seinem Platz angelangt. – Variante: Bei der einen Strophe gehen nur Jungen, bei der anderen nur Mädchen, bei der dritten nur die Erzieherin.

●●● Der Erzieher spielt eine Melodie auf einem Instrument. Solange es zu hören ist, bewegen sich die Kinder im Takt der vorgespielten Melodie durch den ganzen Raum.

Ziel solcher Übungen ist es, das Grundmaß hörend aufzunehmen und in Bewegung umzusetzen bzw. durch Bewegung wiederzugeben. Zugleich dienen sie der Raumerfahrung.

(c) **Melodien und Melodieteile werden durch Bewegung erfahren**

Die Kinder stehen im Raum gleichmäßig verteilt. Der Erzieher spielt auf einem Instrument eine Melodie oder Teile einer Melodie; diese kann bekannt oder improvisiert sein. Aufgabe: So lange sie erklingt, bewegen sich alle im Raum, ohne einander anzustoßen. (Hier kommen die unter (1) gewonnenen Fähigkeiten ins Spiel.) Der letzte Ton soll von jedem auf seine Weise gekennzeichnet werden, z. B. indem man stehenbleibt und in die Hände (oder auf den Boden) schlägt oder indem man in die Hocke geht. Die besten Vorschläge werden übernommen und zu den nächsten Musikbeispielen verwendet. – Die Übung wird anspruchsvoller, wenn jeder von seinem Platz aus in den Raum geht mit der Aufforderung, am Ende der Melodie wieder an seinem Platz zu sein. Diesen kennzeichnet man am besten durch einen Gymnastikreifen oder durch ein farbiges Band.

Die angeführten Vorgehensweisen der rhythmisch-musikalischen Erziehung bezeichnen die Anfänge einer Bewegungserziehung und somit nur einen kleinen Ausschnitt aus der Vielzahl von Methoden und Anregungen, wie menschliche Bewegung in direkte Beziehung zur Musik gesetzt werden kann. Weitere empfehlenswerte Beispiele finden Sie in folgenden Veröffentlichungen:

Tauscher, Hildegard: Praxis der rhythmisch-musikalischen Erziehung. Verlag Merseburger Berlin 1960.
Glathe, Brita: Rhythmik für Kinder. Kallmeyer-Verlag Wolfenbüttel 1973.
Zöller, Gerda: Musik und Bewegung im Elementarbereich. Donauwörth 4/1976.
Berzheim, Nora: Kinder gestalten mit Sprache, Gestik, Musik und Tanz. Donauwörth 1978.
Holzheuer, Rosemarie: Musik- und Bewegungserziehung in Kindergarten und Grundschule. Verlag J. Klinkhardt Bad Heilbrunn 1980.

4. Tiggititagg, der Tausendfüßler

Ein Prinzip der Rhythmik lautet: Bewegung zur Musik – Musik zur Bewegung. Hier ist ein Lied, an dem sich dieses Prinzip besonders gut zeigen läßt, ein Lied vom Tausendfüßler. Es wird mit Bewegung eingeführt und gelernt, und wenn die Kinder es singen können, werden sie es durch Bewegungen im Raum spielen.

Text und Melodie: Gerda Bächli
Pelikan Edition, Schweiz

1. Tiggi – ti-tagg, der Tausendfüßler, wik-kel-wak-kelt

gradeaus, bei jedem Schritt wackeln tausend Füße mit und so

kommt er bald zum Tausendfüßler — haus.

2. *Aua – hier ist die Tür verschlossen*
   und kein Platz zum Stehn und Drehn,
   Welch ein Entschluß!
   Unser Tausendfüßler muß
   nun mit allen tausend Füßen rückwärts gehn.

Tiggedi   taggi tiggi taggi   dum dum dum

tiggedi   taggi tiggi taggi   dum dum dum

tiggedi   taggi tiggi taggi   dum dum dum

und jetzt fällt er   um.

Zur Einführung ist eine Marionette sehr geeignet. Eine
Raupe aus Holz (Fa. Wehrfritz) wird mit „tausend" Füßen
aus Pappe versehen, die man anklebt. Ferner braucht man –
siehe die 2. Strophe – ein Haus, das man selbst basteln kann.
Den Zugang zum Haus bilden zwei Stäbe. Er sollte so groß
sein, daß später die Reihe der Spieler hinein – und rückwärts
wieder hinausgehen kann.

● Die Kinder sitzen im Kreis. Der Erzieher spielt mit der Marionette
den Tausendfüßler, der vorwärts, im Kreis und auch rückwärts bewegt wird. Während die Kinder beobachten, *spricht* der Erzieher
rhythmisch:

35

Tiggi – ti – tagg !   Tiggi – ti – tagg !

Der Erzieher – oder der personifizierte Tausendfüßler – fragt einzelne Kinder nach ihren Namen. Wir überlegen, wie denn ein Tausendfüßler heißen könnte. Dabei erzählt er von sich, wie z. B. seine Mutter ihm aufträgt, die vielen Füße zu waschen und daß es so lange dauert, bis er so viele Socken angezogen hat. Und wenn er mit Schuhen an den Füßen über Steine geht, dann klingt es: Tiggititagg (im Rhythmus wie oben!). Daher sein Name! Die Kinder sprechen den Namen rhythmisch nach.

●● Der Erzieher singt das Tausendfüßlerlied vor und bewegt die Marionette entsprechend in Richtung auf das Haus. Vor der 2. Strophe klopft er an die Tür. Allen wird *vor* dem Singen der 2. Strophe deutlich, daß der Tausendfüßler mit dem Kopf vor seinem Haus steht und weder vorwärts noch rückwärts kann. Er beginnt zu jammern und fragt die Kinder, was er tun soll. Erwartungsgemäß rufen sie: „Du mußt rückwärts gehen!" Die 2. Strophe wird gesungen. Durch das vorangegangene Spiel ist jetzt auch die Textstelle: „Welch ein Entschluß!", deutlich; zudem spielt die Marionette den Vorgang.

●●● Nun bilden die Kinder eine lange Reihe, einer hinter dem anderen. Jeder faßt das vordere Kind auf die Schultern oder legt ihm die Hände auf die Hüften. Nach Aufforderung heben alle zugleich das linke Bein, das rechte Bein, gehen langsam vorwärts, langsam rückwärts. Wenn die Kinder das Vorwärts- und Rückwärtsgehen in der langen Reihe beherrschen, singt der Erzieher das Lied. Zunächst kann man sich noch auf der Stelle bewegen, dann langsam in Gang setzen. So geht der Tausendfüßler – wenn nötig bei Wiederholung der 1. Strophe – durch den Raum. Dann steht die lange Reihe vor dem Haus. Der Erzieher wendet den Kopf nach rechts: „Ist hier niemand!" Alle Kinder wenden den Kopf nach links! „Ist hier niemand?" Die 2. Strophe wird gesungen; die lange Reihe bewegt sich rückwärts. Wenn das Lied zu Ende ist, kommt das letzte Kind in der Reihe nach vorn, bildet den neuen Kopf und das Spiel beginnt von vorn. Bald können alle das Lied mitsingen.

●●●● Der Höhepunkt ist am Spielschluß, wenn alle – der Reihe nach! – umfallen. Beim ersten Mal lassen sich die Kinder meistens übereinander fallen. Mit der Zeit kann man aber erreichen, daß sie wie ein Kartenhaus oder wie eine Reihe von Bauklötzen nacheinander umfallen – ein schönes Bild. In mancher Gruppe machte es soviel Spaß, daß die Kinder es nach jeder 2. Strophe ausführen und auch anderen vorführen wollten.

5. *Wir tanzen jetzt, juchhei*

Dieses ist ein Lied, das mit wenig Vorbereitung in jeder Kindergartengruppe gespielt und gesungen werden kann. Man braucht dazu nur die eigenen Gliedmaßen, die Stimme und ein wenig Einfallsreichtum für die Bewegungen. Zur Ergänzung der Bewegungsgestaltung können einfache Instrumente hinzukommen.

● Zuerst probieren wir aus, was man alles mit den Füßen machen kann: springen, hüpfen, gehen, am Platz laufen, durch den Raum laufen, am Platz federn, auf Zehenspitzen gehen, die linke/rechte Ferse aufsetzen (siehe den Bi-Ba-Butzemann-Tanz), am Platz hochspringen. Dann gibt der Erzieher mit der Handtrommel rhythmische Vorgaben (Zeichen); die Kinder bewegen sich so, wie sie meinen, daß es zum vorgespielten Rhythmus passend sei.
●● Der Erzieher singt das Lied.

Melodie: Elisabeth Seippel

Eins, zwei, drei, wir tanzen jetzt, juch hei! Das
linke Bein, das rechte Bein, das ist lustig, das ist fein.
Eins, zwei, drei, wir tanzen jetzt juch-hei!

Die Kinder versuchen, zu den Melodieteilen geeignete Bewegungen zu finden. Die Ergebnisse werden verglichen; man einigt sich auf bestimmte Bewegungen, z. B.

– Melodieteil A: Bei „Eins, zwei, drei" in die Hände klatschen, dann dreht sich jeder um sich selbst.

- Melodieteil B: Linkes und rechtes Bein werden abwechselnd gezeigt.
- Melodieteil C: wie am Anfang.

●●● Wenn sich die Bewegungsformen unter b) gefestigt hat, spielen einige auf Instrumenten mit, z. B. zu A = klatschen, dann Triangel; zu B = Schellentrommel; zu A = wie vorher oder Holzblocktrommel.

Rummelbummel

Text und Melodie:
Thilde Lorenz
Fidula-Verlag, Boppard/Salzburg

Kehrreim:

37

Rum - mel bum - mel   ging   spa - ziern,
wollt ein   neu - es   Lied   pro - biern.

kam er   an   ein   klei - nes   Haus,
klopft er an,   wer schaut her - aus?

1. Ei ne schwarze Kat-ze,   die macht den Buckel krumm,

und die Trommel und die Trommel, die macht rum bum bum.

Und die Katze und die Katze, die geht mit, rum bum!

2. *Eine alte Hexe, die rührt im Topf herum ...*
3. *Eine fette Kröte, die dreht sich dreimal um ...*
4. *Eine dicke Hummel, die macht ein laut Gesumm ...*
5. *Eine gelbe Rübe, die fällt auf einmal um ...*

Schluß: Und das Liedchen, und das Liedchen, das ist aus, rum bum, und wir ge-hen jetzt, wir ge-hen jetzt nach Haus, rum bum!

● Zur Einführung des Liedes gehen die Kinder angefaßt im Kreis herum. Der Erzieher geht im Kreis mit und singt das Lied vor. Der Anfang und das Ende des Liedes sind streng im Takt zu singen. Alles übrige sollte langsam und ohne Taktbindung gesungen werden, damit die Kinder die Bewegungen nach individuellem Tempo ausführen können. Denn bei allen Textstellen, die dazu angetan sind, werden Bewegungen ausgeführt. So bleibt man bei „Kam er an ein kleines Haus" stehen und klopft auf den Boden, macht bei der 1. Strophe einen Katzenbuckel, rührt bei der 2. Strophe im Topf herum usw. Wenn es heißt: „Und die Trommel, die macht rumbum-bum", hüpft jeder am Platz. Achtung! Während dieser Einführungsphase läßt man die letzte Zeile: „Und die Katze, die geht mit", noch ausfallen; ebenso die Schlußzeile: „Und das Liedchen, das ist aus." – Das Lied wird – auch an folgenden Tagen – wiederholt; immer mehr Kinder können mitsingen.

●● Wenn die bisherige Spielform geläufig ist, wird sie entfaltet, indem mit verteilten Rollen gespielt wird. Ein Kind geht mit einer Handpauke (Rahmentrommel) im Kreis herum, während die übrigen Kinder im Kreis um den Trommler herumgehen und den Kehrreim singen. An der Stelle „klopft er an" bleibt der Trommler vor einem Kind stehen. Dieses ist nun die Katze, die den Buckel krumm macht. Bei der Liedzeile: „Und die Trommel, und die Trommel, die macht rum-bum-bum", schlägt der Trommler den Takt mit, alle – mit Ausnahme der „Katze" – drehen sich am Platz herum. Wer es kann, klatscht dabei im Takt in die Hände, so, wie der Trommler die Trommel. Während der letzten Liedzeile folgt die „Katze" dem Trommler.

Mit dem Kehrreim beginnt die nächste Strophe. Sie wird wie die folgenden entsprechend gespielt. Nach der 4. Strophe gehen „Katze", „Hexe", „Kröte" und „Hummel" hinter dem Trommler her. Man singt die letzte Strophe, an deren Ende alle um die auf dem Boden liegende Rübe herumtanzen.

Dieses Lied mit Bewegungsspielen ist beschrieben im Anschluß an Thilde Lorenz, von der sowohl das Lied wie auch die Spielanweisung stammen. Ähnliche Beispiele von neuen Spielliedern für Kinder von 4–8 Jahren findet man in „Rummelbummel" von Thilde Lorenz im Fidula-Verlag Boppard/ Salzburg.

7. Musikdidaktischer Kommentar

(1) Eine Musikerziehung ohne Bewegung ist für jüngere Kinder nicht denkbar. Seit dem 19. Jahrhundert war es für den Kindergarten typisch, beim Singen von Kinderliedern sich im Kreis zu bewegen und in die Hände zu klatschen. Das kann einfallslos gemacht werden, muß aber nicht so sein. Einige Beispiel dieses Kapitels zeigen, wie man Bewegungen im Kreis phantasievoll und variierend ausführt.

Seit den zwanziger Jahren dieses Jahrhunderts ist die Bewegung im Raum – also weit über den Kinderkreis hinaus – als Mittel der Musikerziehung bekannt. Während das Kind sich zur Musik allein, zu zweit, mit vielen durch den Raum bewegt, gewinnt es die Fähigkeit, Musik auch individuell umzusetzen und eben dadurch intensiver zu erfahren. Seine Bewegungsformen sind aber nicht willkürlich; sie sollen der Musik entsprechen. So werden die musikalischen Abläufe (Formen) körperhaft erfahren und auf diesem Wege erkannt und „verstanden".

(2) Zur Musikerziehung durch Bewegung haben „Rhythmiker" zahlreiche Methoden, Lernschritte, Lerneinheiten, Aufgaben, Übungen im Spiel und Verfahren entwickelt. Das breite Feld hat verschiedene Bezeichnungen bekommen: rhythmisch-musikalische Erziehung / Rhythmik / Musik- und Bewegungserziehung / Tanzerziehung bzw. Tanzpädagogik / Kindertanz. Trotz Schwerpunktbildungen ist allen Ansätzen gemeinsam die grundlegende Absicht, zwischen der Bewegungslust der Kinder und Musik immer neue Beziehungen zu schaffen. Dabei ist nicht nur an Bewegung im Raum zu denken, sondern auch an Arm-, Hand- und Beinbewegungen am Platz, an Gesten, Mimik, Klatschen, Klopfen, Musizieren mit Körperinstrumenten wie mit „einfachen" Instrumenten, an Dirigierfiguren und an Körperbewegungen im Sitzen und Liegen.

(3) Da Musik- und Bewegungserziehung alle Sinne des Menschen anspricht, seine Körperlichkeit bewußt einbezieht und wechselnde Sozialformen ermöglicht, kann sie Verhaltensweisen fördern, die über die fachlich-musikdidaktischen Absichten hinausgehen, z. B. Förderung des Selbstwertgefühls / Handeln in einer Gruppe / Fähigkeiten, auf andere einzugehen. Daher hat die Rhythmik für die Heilpädagogik eine große Bedeutung.

(4) Man kann die Musikerziehung durch Bewegung als einen eigenen Bereich der elementaren Musikpädagogik bzw. als „Ansatz" verstehen. Ich halte sie für ein grundlegendes *Prinzip* der Musikpädagogik, das für die Erschließung vieler ihrer Inhalte gelten sollte. Entsprechend finden ihre Methoden bei der Liedvermittlung (Kapitel 1) ebenso Anwendung wie beim Musikhören (Kapitel 4).

(5) Allerdings ist es schwierig, ja beinahe unmöglich, über das geschriebene Wort zu vermitteln, wie man durch Bewegung zur Musik erzieht. Die wichtigste Voraussetzung ist die eigene Körpererfahrung und die Lust des Erwachsenen, Musik durch den Körper auszudrücken. Das kann man nur handelnd durch Machen und Mitmachen erfahren. Ich erlaube mir daher den Vorschlag und die Aufforderung:

▶ Führen Sie die Praxisvorschläge dieses Kapitels in Ihrer Gruppe durch und besuchen Sie dann eine Fortbildungsveranstaltung für Musikerziehung im Kindergarten.

Glücklicherweise bieten die Trägerverbände immer mehr Kurse an, die die rhythmisch-musikalische Erziehung berücksichtigen. Spezielle Lehrgänge führt der Bundesverband Rhythmische Erziehung durch. Seine Zeitschrift erscheint vierteljährlich: Rhythmik in der Erziehung, Georg Kallmeyer Verlag, Wolfenbüttel.

Hörerziehung im Kindergarten

1. Hören von Musik als Aufgabe der Kindergartenpädagogik

Ein eigenes Kapitel zum Hören, welches den vierten Inhaltsbereich der Musikerziehung im Kindergarten beschreibt, fordert die Frage heraus: Wird denn beim Singen und Gestalten von Liedern (Kapitel 1), bei der Erfindung und Ordnung von Klängen (Kapitel 2) und durch die rhythmisch-musikalische Erziehung mit Einschluß der Kindertänze (Kapitel 3) nicht auch und in genügender Weise zum Hören erzogen? Selbstverständlich sollte in der Musikerziehung, mit welchen Inhalten und in welchen Formen sie auch geschieht, stets die Förderung des Hörens angestrebt werden. Nun gibt es aber verschiedene Arten des Musikhörens. Man kann das an sich selbst beobachten. Tanzmusik hören wir anders als Musik in der Kirche. Der Unterhaltungsmusik wird man während der Autofahrt oder im Vergnügungspark nicht jene Aufmerksamkeit schenken, wie sie für Musik, die im Konzertsaal aufgeführt wird, angemessen ist. Und wenn man in einem Chor mitsingt, ist die Ausrichtung des Hörens wiederum eine andere als bei den zuvor genannten Hörsituationen. Unsere Höreinstellung wird stets von dem Zusammenhang und dem Zweck unseres Musikhörens stark beeinflußt; die Musikerziehung spricht dann vom Musikhören gemäß den Funktionen der Musik. Die Arten des Musikhörens werden ferner mitbestimmt von unserer musikalischen Sozialisation, d. h. von der Art und Weise des lebenslangen Umgehens mit Musik, welches Vorlieben und Abneigungen erheblich bestimmt. Schließlich ist die Art des Hörens eine andere, je nachdem, ob man selbst Musik macht oder ihr – life gespielt oder durch Technik vermittelt – zuhört.

Die Musikerziehung im Kindergarten hat sich in der Vergangenheit fast nur elementarer, selbstgemachter Musik – vokal und instrumental – und gelegentlichen Hörübungen an einfachen Tonfolgen zugewandt. Eine Erziehung zum bewußten Hören komplexer Musik, also von vielstimmigen, instrumental ausgeführten Musikstücken, wird erst in den letzten Jahren als eigenständige Aufgabe der Kindergartenpädagogik erkannt. Diese Erkenntnis ist die Folge einer technischen und wirtschaftlichen Entwicklung, die es uns ermöglicht, Musik aller Stile und verschiedener Kulturen unabhängig von dem Ort und der Zeit ihrer Produktion immer und überall zur Verfügung zu haben. An diesem Konsum von Musik unterschiedlichster Ausprägung nehmen die Kinder seit den sechziger Jahren dieses Jahrhunderts teil. Sie sind wie die Erwachsenen viele Stunden am Tag von vorgefertigter Musik aller Art umgeben und beeinflußt: Musik zu Hause aus Radio- und Fernsehgerät, von Schallplatte, Tonband und Kassette; Musik beim Einkaufen und bei der Autofahrt. Dadurch sind ihr Gehör und ihr Musikgeschmack schon vorgeprägt, wenn sie in den Kindergarten kommen. Diese Situation gab es in der Geschichte der Menschheit noch nie und folglich auch nicht in der Geschichte der Pädagogik. Wir erleben täglich eine akustische Reizüberflutung, deren meist negative Folgen wir ebenso täglich bei vielen Kindern beobachten können. Es ist Aufgabe der Erziehung, ihnen zu helfen, damit sie mit der akustischen Umweltverschmutzung fertig werden. Sie müßten lernen, so zu reagieren, daß das innere Ohr nicht abgestumpft und schließlich nur noch lauten und aggressiven Klängen zugänglich ist. Das Wahrnehmen, das Aufnehmen über das Ohr und das innere Hören sind für die Menschwerdung des Menschen von großer Bedeutung. Hell-hörig müßte man sein – oder werden! Horchen müßte man können! (Dann erst kann man übrigens ge-horchen.) Und auch „der Glaube kommt vom Hören". Zu diesen zentralen Fähigkeiten des Menschen muß die Musikerziehung ihren Beitrag leisten, indem sie zum Hören erzieht. Aber wie kann man das in wenigen Stunden im Kindergarten angesichts der andauernden Geräusche, des Lärms und der Musik ringsum vom Morgen bis zum Abend, denen Kinder ausgesetzt sind? Niemand wird darauf eine schlüssige Antwort geben können. Wir können den abstumpfenden Konsum von Musik nicht verbieten; wir können aber Verhaltensweisen üben, die vom Zwang des Musikkonsums unabhängig machen. Ich sehe für den Kindergarten zahlreiche Möglichkeiten.

2. Spiele für das Ohr. Einübung in Stille

Man will es nicht wahrhaben, aber es stimmt dennoch: Den
wirklichen Wert eines Brotes schmeckt man dann, wenn man
Hunger hat. Das gleiche gilt für das Hören: Musik hat mehr
Bedeutung, wenn man sie nicht immer zur Verfügung hat.
Ständiger Musikgebrauch nivelliert die Erlebnisfähigkeit.
Eine Voraussetzung bewußten und erlebnistiefen Hörens ist
die gelegentliche Abwesenheit von Musik. Schalten Sie auch
für sich zu Hause das Rundfunk- und Fensehangebot immer
einmal wieder bewußt ab. Und wenn Sie eine Schallplatte
auflegen, überlegen Sie, welche Musik am besten geeignet ist
für diese Tageszeit, für diese Situation, für diese Menschen,
die Sie besuchen, für diese gegenwärtige Stimmung. Genießen Sie Musik – wie alle anderen Schönheiten – nicht zufäl-
lig, nicht allein nach dem Angebot, sondern mit Bewußtsein.
Und tun Sie es ebenso im Kindergarten.

Stellen wir uns einen hellen Morgen vor. Nehmen wir an, vor den
Fenstern des Gruppenraumes gibt es einen Hof. Vielleicht sind da
einige Sträucher, ein Baum. Ein Pirol wird darin nicht singen; aber
wahrscheinlich wohnen dort Spatzen, Meisen, ein Buchfinkenpaar.
Eine Verkehrsstraße führt hinter der nächsten Häuserfront vorbei.

Wie werden Ihre Gruppenkinder in den folgenden Situationen reagieren?
● Die Kinder sitzen auf Stühlen im Kreis oder (noch besser) auf
dem Fußboden. Fenster und Türen sind geschlossen. Sie fordern
die Kinder auf, nichts zu tun, als zu hören. Es wird ruhiger und stil-
ler. Dieser und jener schaut ziemlich ratlos umher. Schließlich hört
man nur noch gelegentliches Räuspern und einige Wortfetzen aus
dem Nachbarraum. – Wahrscheinlich wird jetzt, da man eine relative
Stille erreicht hat, ein Kind zu lachen anfangen oder prusten. Je
nach Stimmung machen einige andere mit. Manchmal dauert es
einige Zeit, bis sich alle gefangen haben. Das Lachen ist ein ziemlich sicheres Zeichen, daß die Situation den Kindern neu und fremd
war. Ärgern Sie sich also nicht, sondern machen Sie ähnliche Übungen jeden Tag. Bald lacht niemand mehr. Kinder gewöhnen sich an
Zeiten der Stille, wenn Sie selbst daran Freude haben und sie als
wohltuend empfinden. Manche Kinder werden Sie bitten, die Zeit zu
verlängern, wenn man sich neue Anlässe zum Horchen einfallen
läßt. Dazu einige Beispiele:
●● Die Fenster sind geöffnet. „Sage – oder zeige –, was du hörst!"
Es ist anfangs nicht immer leicht, die verschiedenen Hörwahrneh-
mungen voneinander zu unterscheiden: Spatzen schwatzen; ein
Buchfink ruft „wit-wit-wit-wit-*woit*ja!"; die Meisen erkennen viele
am „Zizibe!". Man hört die Schritte einer Mutter, die ihr Kind verspä-

tet zum Kindergarten bringt; das Geräusch der Kinderschritte ist anders. Von der Straße ist – wie als Hintergrund – ein „Brei" von Motorengeräuschen zu hören; manche Kinder erkennen einige Autotypen an deren Motorengeräusch. – Wenn Kindergartenkinder ihre Wahrnehmungen durch Sprache ausdrücken, werden sie in der Regel den Klangerzeuger nennen („Eine Mutter geht über den Hof"), nicht den akustischen Vorgang selbst („Ich habe die Schritte einer Mutter gehört"), wie es sprachlich genauer wäre. Diese Unterscheidungen wollen wir dem Sprachunterricht ab dem 4. Schuljahr überlassen. Es genügt uns hier festzustellen, daß die sprachliche Benennung dessen, was man hört, nicht nur für Kinder nicht einfach ist. Deshalb ist es angebracht, andere Ausdrucksmittel zu wählen. Können wir malen, was wir gehört haben? Im Vordergrund wird man die Mutter mit ihrem Kind sehen; daneben einen Vogel mit weit geöffnetem Schnabel; im Hintergrund eine Vielzahl von Autos, Autobussen, Mopeds. – Noch genauer wird die nonverbale Bezeichnung, wenn man für jedes erwartete Geräusch eine Geste festlegt, z. B. Hochhalten einer Hand bedeutet: „Ich höre einen Vogel rufen;" beide Hände zeigen an: „Da spricht jemand." Am meisten macht es Spaß, wenn man sich für jedes „Klangereignis" handliche Bildkarten zulegt, die die Klangerzeuger (Buchfink, Kirchenglocken, Straßenbahn, Hubschrauber, die Kollegin nebenan) zeigen. Die Kinder heben die entsprechende (möglichst selbst gefertigte) Bildkarte hoch. Jeder kann ablesen, ob man richtig gehört hat, und wir gebrauchen kein einziges Wort, es sei denn zur Berichtigung der Bildkartenwahl. Eine relative Stille tritt wie von selbst ein, die es erlaubt, unser Ohr auf einzelne und feinere Vorgänge zu richten. – Diese Hörspiele werden jeden Tag anders ausfallen, je nachdem, wo Ihr Kindergarten liegt und zu welcher Tages- und Jahreszeit wir sie machen.

●●● Nun richten wir die Höraufmerksamkeit nach innen, und zwar in zweifacher Hinsicht: Was hörst du in diesem Raum? Was hörst du in dir? Im Raum hört man: Die Wanduhr tickt / der Kühlschrank „springt an" / der Wasserkran tropft / der Kanarienvogel meldet sich / ein Kind hustet. Dann denken sich einige Kinder Klänge aus, die sie selbst erzeugen können, während die anderen mit geschlossenen Augen hören: Ein Schlüsselbund fällt hin / ein Glas wird angeschlagen / Papier raschelt / ein Kind summt einen Ton, oder es zischt mit dem Mund / eine (Schrank)-tür wird geschlossen / eine Uhr wird aufgezogen. Die Zeit des genauen Hörens wird von Woche zu Woche länger. Bald können Sie am Ende einer Hör-Kette auffordern: „Jetzt werden wir im Raum keinen Klang mehr erzeugen. Wir hören in uns selbst hinein!" Manche Kinder hören tatsächlich ihr Herz klopfen, den Atem fließen. Manche sagen auch, sie hätten Musik oder jemanden reden gehört; es ist der Nach-klang früherer Erfahrungen, Erinnerungen und Gedanken, die innen hörbar werden. Hier sind wir an der Grenze dessen, was man mit Meditation und

Kontemplation benennt, zu denen Kinder ganz sicher fähig sind. Ein untrügliches Zeichen für die richtige Länge der stillen Zeit ist es, wenn Ihre Kinder gelassen und langsam die Augen wieder öffnen, lächeln, sich recken und tief durchatmen.

▶ Wir können festhalten: Unser Gehör nimmt akustische Ereignisse und auch die Stille am besten wahr, wenn der Sehsinn ausgeschaltet ist. Darum ist es hilfreich, bei Hörübungen immer wieder die Augen zu schließen. Erfahren Sie das auch an sich selbst! Bitte, schließen Sie jetzt für einige Minuten das Buch und Ihre Augen! Hören Sie mit geschlossenen Augen, was sich in ihrer Umgebung ereignet und versuchen Sie, es in Sprache zu fassen. Dann sind Sie in der Situation, in die Sie morgen Ihre Kinder bringen werden.

3. Spiele zur Förderung musikalischer Unterscheidungsfähigkeit

Ein im engeren Sinn musikalischer Bezug kommt ins Spiel, wenn wir einfache musikalische Abläufe, die wir selbst erzeugen, unterscheidend hören. Dazu einige Beispiele und Hinweise:

● Alle sitzen im Raum verteilt, am besten auf dem Boden. Die Augen sind geschlossen. Ein hängendes Becken wird angeschlagen. Die Kinder heben die Hand, solange das Becken erklingt. Wahrscheinlich werden einige bemerken, daß der Beckenklang immer leiser wird, langsam verklingt. So lange sind auch die Hände erhoben. – Eine Variante: Die Kinder stehen; das Becken wird angeschlagen. Während der Beckenklang immer leiser wird, lassen sie sich langsam nieder. Wenn er gänzlich verklungen ist, sitzen oder hocken sie am Boden. – An den nächsten Tagen machen wir dieselben Hör-Spiele mit anderen Instrumenten, die lange nachklingen, z. B. Triangel, Metallophon (auch mehrstimmig!), Gong.

●● Unterscheidendes Hören von zwei (später drei) Klangfarben. Die Klangerzeuger werden vorher gezeigt, ihre charakteristischen Klänge einzeln gehört. Wählen Sie anfangs möglichst unterschiedliche Klänge, z. B. den eines Xylophons, eines Schlüsselbundes (das geschüttelt wird) und einer Pauke. – Die Instrumente werden nacheinander gespielt. Die Kinder hören mit geschlossenen Augen und bezeichnen die Klänge mit verabredeten Gesten, z. B.: Eine Hand erheben heißt: Xylophon; zwei Hände bedeuten Pauke. Später können auch die Namen der Instrumente in der Reihenfolge ihres Erklingens genannt werden. Schließlich hört man – an einem der nächsten Tage – die Instrumente von verschiedenen Stellen im Raum. Die Kinder zeigen mit geschlossenen Augen in die Richtungen, aus denen die Klänge kommen und nennen die Reihenfolge der Instrumente.

●●● Jemand spielt auf einem Stabspiel (oder einem anderen Instrument) sehr hoch, sehr tief. Die Kinder zeigen es durch entsprechende Gesten an, z. B. hoher Ton = aufstehen / tiefer Ton = hocken oder sitzen. Differenzierung: mehrere hohe bzw. tiefe Töne (jeweils bis zu 4 Tönen!); die Kinder stehen bzw. hocken und zeigen mit den Händen die *Anzahl* der Töne.

●●●● wie vorher, jedoch mit Tönen in drei verschiedenen Höhen: tief / in der Mitte / hoch; entsprechende Körperbewegungen: hocken / stehen / Arme strecken. Differenzierung: Die Kinder sitzen (auf Stühlen oder am Fußboden), haben die Augen geschlossen und zeigen mit den Händen die Anzahl der Töne tief / in der Mitte / hoch. Weitere Differenzierung: Dieselben Hörbeispiele auf zwei verschiedenen Instrumenten (z. B. Xylophon und Blockflöte), die an verschiedenen Stellen im Raum erklingen. Die Kinder hören mit geschlossenen Augen, zeigen die Anzahl und Höhe der Töne an und zusätzlich in die Richtung, aus der das Hörbeispiel kommt.

●●● Mehrere Kinder spielen auf verschiedenen Instrumenten. Die anderen hören mit geschlossenen Augen genau zu und versuchen, die Anzahl der erklingenden Instrumente herauszubekommen. Die Aufgabe wird leichter, wenn die Instrumente hintereinander einsetzen. Die Ergebnisse können auch aufgezeichnet werden, z. B. durch einen dicken, farbigen Strich für jedes gehörte Instrument. Man sieht dann auch den Einsatz hintereinander. Je mehr Instrumente erklingen, um so mehr Striche erscheinen übereinander. Hier ist ein direkter Bezug zum Aufschreiben von selbst erzeugten Klängen, wie es im Kapitel 2 beschrieben ist.

●●● Die Kinder stehen im Kreis. Ein Kind oder zwei Kinder, die nebeneinander stehen, machen mit ihren Stimmen Geräusche verschiedener Art (Beispiele siehe Kapitel 2, Seite 100 f.). Ein Kind, welches mit verbundenen Augen im Kreis steht, geht – langsam! – in die Richtung, aus der das Geräusch kommt. Wenn es den Verursacher erreicht, spielt dieser den Sucher im Kreis. – Erweiterung: Zwei Kinder stehen mit verbundenen Augen an verschiedenen Stellen im Kreis. Sie sollen aufeinander zugehen, werden jedoch durch die Stimmgeräusche der anderen geführt: Leise Stimmgeräusche bedeuten = „Ihr seid noch weit voneinander entfernt"; lauter werdende Geräusche sagen: „Ihr geht aufeinander zu."

Sicherlich werden Sie mit einiger Spiel- und Klangphantasie zusammen mit den Kindern weitere Spiele für das unterscheidende Hören finden. Berücksichtigen Sie folgende Leitgedanken:

- Nicht zu viele Klänge, aber solche mit typischen Eigenschaften bzw. mit deutlichen Unterschieden
- Schließen Sie den Sehsinn möglichst oft aus, aber beachten Sie den Tastsinn.
- Einfache Spielkonstellationen sind die besten, so daß sich alle

Kinder erfolgreich beteiligen können. Das verbietet nicht unterschiedlich schwierige Aufgaben für unterschiedlich fähige Kinder.

Das Wichtigste: Machen Sie Spiele für das Ohr, Übungen der Stille
und Spiele zur Unterscheidung einfacher musikalischer Vorgänge
zur *täglichen* Einrichtung! Man wird bald merken, daß die gewonnenen Verhaltensweisen wohltuend auf andere Bereiche ausstrahlen.

Und noch ein Hinweis: Beim Besuch einiger Kindergärten
fiel mir auf, daß die Erzieherinnen manchmal bewußt auf
Anweisungen mit der Sprache verzichteten. Statt dessen benutzen sie bei täglich wiederkehrenden Vorgängen – z. B. einen Stuhlkreis bilden, aufräumen, Beginn des Frühstücks –
verabredete Klänge als Aufforderung. Die akustischen Signale müssen dazu besonders prägnant sein. Sie werden zur
Gewöhnung, so daß jeder in der Gruppe bzw. im Kindergarten ihre Bedeutung versteht. Vielleicht verabreden Sie auch
mit ihren Kindern „schöne", „passende" Klänge, die man
eine Zeitlang als Signale in immer wiederkehrenden Situationen benutzt. Je einfallsreicher und leiser sie sind, um so
besser.

4. Wie klingeln Klingeln?

Auditive Wahrnehmungserziehung und musikalische Unter-
scheidungsübungen können sich auch um ein Zentralwort
konzentrieren, das für einige Tage Anlaß zum Hören ist.
Dieses kann man in den übrigen Wochen- und Tagesablauf
einplanen oder mit einem Thema verbinden. –
    Beispielsweise lassen sich Hör-Spiele zum Zentralwort
„Klingeln" ohne weiteren Bezug über mehrere Tage verteilen
oder aber mit Wochenthemen – z. B. Verkehr (Straßenbahn,
Fahrrad) oder Zeit (Uhr, Wecker) – verbinden.

(1) Welche Klingeln gibt es? Wir erinnern uns an Situationen, in de-
nen Klingeln eine Rolle spielen. Diese werden aber nicht nur ge-
nannt oder aufgezählt, sondern – das ist für spätere Stufen wichtig
– gespielt, so daß wir Klingeln, Wecker, Glocken etc. im Spiel *hören.*
    Einige Beispiele: Ein Verkäufer steht im Geschäft. Es klingelt; ein
Kunde kommt herein. / Auf dem Weg spielen Kinder. Es klingelt; ein
Fahrradfahrer möchte vorbeifahren. / An der Straßenecke bleibt ein
Lieferwagen stehen. Man hört eine laute Glocke; jemand möchte
Fisch (Kartoffeln, Milch) verkaufen. / Weitere Situationen: Telefon:
– Wer ruft an? / Hausklingel: Wer möchte herein? / Wecker (in der

Küche, im Schlafzimmer) / Straßenbahnklingel / Schiffsglocke / Feuerwehrglocke / Der Kasper klingelt mit einem Glöckchen beim Kasperlespiel. / Schulklingel.

(2) Im Gesprächskreis werden die gespielten Situationen befragt: Was „sagt" die Klingel?

- Türklingel: Der Postbote möchte einen Brief abgeben. / Gäste kommen. Manchmal kann man schon an der Art des Klingelns hören, wer vor der Tür steht. Beispiele aus der Erfahrung der Kinder einbeziehen!
- Klingel im Laden: Ein Käufer kommt herein.
- Straßenbahn-, Fahrrad-, Rollerklingel: Geh zur Seite!
- Telefonklingel: Jemand möchte dich sprechen.
- Wecker: Aufstehen! / Der Kuchen im Backofen ist gar.

Durch Spiele und Gespräch sollen die Kinder erkennen: Wir benutzen Klingeln, um einem anderen etwas mitzuteilen, ohne ein Wort zu gebrauchen. Die Klingel ist ein Signal, das wir verstehen, wenn wir genau hinhören.

(3) Hör – Spiele mit Klingeln.
Die Spiele werden zunächst mit zwei, dann mit drei Klingeln durchgeführt. Diese sollten so ausgesucht sein, daß sich ihre Klänge deutlich voneinander unterscheiden, wie z.B. Fahrradklingel – Spielzeugtelefonklingel – Wecker, oder: Handglocke – Telefonklingel – Fahrradklingel.
a) Die Klingeln werden von jedem Kind getätigt. Die Verschiedenheit der Klänge wird wahrgenommen, das Ohrenmerk also auf den einzelnen Klang und den Vergleich zweier bzw. dreier Klänge gerichtet. Jedes Klingelgeräusch bekommt eine *Bezeichnung.*
b) Zwei oder drei Klingeln werden – für die Gruppe unsichtbar! – vom Erzieher oder von einem Kind betätigt. Die Kinder bezeichnen das Gehörte mit den verabredeten Bezeichnungen und in der richtigen Reihenfolge. Beispiele: Telefon – Fahrradklingel / Wecker – Telefon / Wecker – Wecker – Telefon / Telefon – Fahrradklingel – Wecker. Die Erfahrung lehrt, daß die meisten Kindergartenkinder bis zu drei Klingelgeräusche exakt unterscheiden und bezeichnen können. Manchen fällt es schwer, bis zum Ende zuzuhören; sie rufen schon nach dem ersten Beispiel die Bezeichnung. Auch dieses ist ein Verhalten, das beim Musikhören gekonnt sein muß: Höre bis zum Ende, bevor du das Ganze verstehen kannst!
c) An den nächsten Tagen wird wie unter b) mit denselben oder neuen Beispielen gespielt. Jetzt aber wird das Gehörte mit *Gesten* bezeichnet. Beispiele für Gesten: Telefon = Imaginären Hörer an das Ohr halten / Fahrradklingel = den Daumen entsprechend bewegen / Wecker = Kreisbewegungen mit einer Hand; oder: Kinder stehen auf und recken sich / Glocke = Arm schwingt hin und her.
Das Spiel kann auch in der umgekehrten Folge gespielt werden; dann führt einer zuerst drei Gesten vor; die anderen spielen die

durch die Gesten bezeichneten Klänge. Spiele zur Klangbezeichnung mit Gesten machen besondere Freude, wahrscheinlich, weil
Körpergesten besonders ausdrucksvoll sein können. Überdies ist
das Mitspielenkönnen nicht vom Sprachgedächtnis abhängig. In
einigen Gruppen war das Interesse daran abzulesen, daß manche
Kinder an den folgenden Tagen mit neuen Klingel-Vorschlägen kamen, z. B. Lumpensammler klingelt; Besetztzeichen des Telefons.
d) Eine Klanggeschichte („Klingelgeschichte") wird gespielt;
Thema: Der Briefträger bringt am Morgen einen Eilbrief. Die angemessenen Klänge und Geräusche fallen den Kindern schon bei
der Erzählung ein:

> *Man hört eine Fahrradklingel. Jemand stellt das*
> *Fahrrad ab. Er klingelt an der Tür – noch einmal –*
> *noch einmal. Da ist einer in Eile!*
> *Wir öffnen die Tür. Kaum hat der Briefträger*
> *den Eilbrief abgegeben, rappelt der Küchenwecker:*
> *Die Brötchen sind aufgewärmt.*

Zunächst werden die Geräusche und Klänge *während* der Erzählung erzeugt; dann entfällt die Erzählung. Die Folge der Klänge wird
auf Tonband oder Tonkassette aufgenommen, evtl. verbessert. (Lesen Sie über die Begründung dieses Vorgehens auf Seite 104.)
    Besonderen Spaß machte es, als – auf Vorschlag von Kindern –
unsere eigene Klanggeschichte vom Tonband erklang und einige
dazu die Vorgänge szenisch spielten. Der Spaß wurde vollkommen,
als wir Klangspiel und Szene anderen vorspielten.
e) Ein Kind verläßt den Raum; die anderen verstecken einen Wekker. Die Sperre wird geöffnet, so daß der Wecker rappeln kann.
Schnell hinsetzen! Das Kind kommt herein und geht dem Geräusch
nach, um den Wecker zu finden. – Die Konzentration wird erhöht,
wenn statt der Weckerklingel nur das Ticken der Uhr zu hören ist.

5. Hören von Musikwerken

Es ist ratsam, das beiläufige und das gesammelte Hören von
Musikwerken zu unterscheiden. Auch im Kindergarten sollte
es Zeiten geben, zu denen Musik von der Schallplatte bzw.
vom Tonband oder von der Tonkassette eingespielt wird,
ohne daß man ihr konzentriert zuhört und sie in Einzelheiten erläutert. Anlässe dazu sind gegeben z. B. während des
Frühstücks, während einer Stillarbeit, beim Einzelspiel. Machen Sie aber die Kinder darauf aufmerksam, daß jetzt, während wir etwas anderes tun, Musik erklingt. Wir wenden uns
ihr nicht mit ganzer, sondern mit halber Aufmerksamkeit zu
– ein für unsere Zeit typisches Hörverhalten, das man bedauern und ablehnen mag, das aber für die meisten zur täglichen

Gewohnheit geworden ist. Ich sehe es dann als sinnvoll an, wenn Musik zur positiven Anregung und zur Verbesserung der Atmosphäre dient, dabei weder andere Tätigkeiten zudeckt noch zur nicht mehr wahrgenommenen Kulisse wird. Deshalb sollte sie auch im Kindergarten nicht einfach als klanglicher Hintergrund eingespielt werden, sich nicht unbemerkt einschleichen. Kluge Erzieherinnen, die das beiläufige, gelegentliche Musikhören eingeführt haben, beteiligen die Kinder bei der Auswahl der Musik und fordern zur Begründung der Auswahl auf, wenngleich das nicht ständig geschehen muß und auch nicht immer gelingt. Nicht selten wird jenes Musikstück gewählt, das zuvor bewußt gehört wurde, falls das lustvoll und spielend geschah.

Damit sind wir bei der zweiten Form des Musikhörens, dem konzentrierten und unterscheidenden Hören von Musikwerken. Es handelt sich um solche Musikstücke, von denen wir annehmen, daß ihre musikalische Gestalt – ihre Struktur – Kindern angemessen ist. Entscheidend jedoch ist die Methode, die Art des Umgehens mit ihnen, durch welche Kindern Zugänge zu komplexer Musik erschlossen werden. Da steht die Musikerziehung im Kindergarten noch am Anfang. Meistens nimmt man in der Musikdidaktik die Sprache als Verständigungsmittel über die Musik, die wir gemeinsam gehört haben, zu Hilfe. Dieses Mittel verbietet sich für jüngere Kinder weitgehend. Die bei den meisten Kindern wenig entwickelte Fähigkeit, über Musik zu sprechen, führt oft zu der falschen Annahme, sie könnten Musikwerke überhaupt nicht angemessen hören. Das ist ein folgenreicher Irrtum. Wer mit Kindern Musik hört und sie in Bewegung, Zeichen, Farben und Spiele übersetzt, wird erstaunt sein, wie genau Kinder Musik hören können.

5.1. Camille Saint-Saëns: Elefant *

Der französische Komponist Camille Saint-Saëns hat 1886 eine Folge von kurzen Musikstücken unter dem Titel „Karneval der Tiere" geschaffen. Die Nummmer 5 heißt „Ele-

---

* Eine gute Wiedergabe des ganzen Werkes finden Sie auf EMI 1 C 063-14148 mit Michel Beroff und weiteren Solisten. EMI Electrola, Köln.

fant". Zur Charakterisierung des Elefanten hat der Komponist den Klang von Kontrabässen als den tiefsten Streichinstrumenten gewählt. Zur Begleitung spielt ein Klavierspieler im 3/8-Takt. Offenbar sind Elefanten gemeint, die im Zirkus auftreten. Wir werden das Stück deshalb für Kinder mit Hilfe von Bewegungen in Assoziation zu denen von Zirkuselefanten erschließen. Allerdings sollen sie entsprechend den verschiedenen Melodien wechseln. Wenn sich Kinder dann zu unterschiedlichen Melodien jeweils anders bewegen, so hat man ein sicheres Zeichen dafür, daß sie innerlich deren Verschiedenartigkeit hören. Das, was wir also mit sprachlichen Benennungen – z. B. Melodie A und B – bezeichnen, drücken Kinder durch unterschiedliche Bewegungen aus.

Sie können den Ausschnitt aus dem ganzen Werk auf der Tonkassette hören.
Der Kontrabaß spielt zuerst diese Melodie, die wir mit A bezeichnen: 38

Melodie A

Sie wird wiederholt, jedoch in ihrem zweiten Teil ein wenig verändert (A'). Dann folgt eine neue Melodie (B); sie ist nur halb so lang wie A:

Melodie B

Auch diese wird wiederholt, jedoch eine Stufe höher als vorher (B'). Nun folgt ein Abschnitt, der mit A und B nichts gemeinsam hat. Kontrabaß und Klavier spielen rhythmisch dasselbe (C). Mit einer Überleitung (D) wird zu A zurückgeführt. Auch jetzt wird Teil A verändert wiederholt (A'').

Sollten Ihnen diese Hinweise zum Musikhören ungewohnt sein, dann benutzen Sie bitte die unten angeführte Hörleiste. Sie können sich an zwei Faktoren orientieren. 1. Faktor: Zählen Sie einfach an den Takten entlang. Beispiel: Wenn Sie die 4 Dreiertakte des Klavier-Vorspiels gehört und mitgezählt haben, *lesen* Sie ja, daß jetzt Melodie A kommen muß. Hören Sie und zählen Sie deren 8 Takte. Dann *lesen* Sie: Jetzt wird A' kommen – und so weiter! – 2. Faktor: Sie orientieren sich an den Melodien der Kontrabässe. Beispiel: Sie sehen in der Hörleiste: „Melodie A im Kontrabaß" und lesen zugleich deren Verlauf im Notenbild mit. Es folgt A', wie in der Hörleiste zu lesen. Verfolgen Sie das Notenbild von A und bemerken Sie, daß es in der zweiten Hälfte nicht mehr ganz stimmt: Die Melodie ist ein wenig verändert. –

Um mit diesem Verfahren – als Erwachsener – hören zu lernen, bedarf es keiner genauen Kenntnisse der Noten und ihrer Namen. Es genügt, wenn Sie im Notenbild erkennen, wann die Melodie aufwärts oder abwärts geht und welche Töne kürzer oder länger sind. Am besten hören Sie mit anderen an der Hörleiste entlang. Wenn Sie mit sich selbst ein wenig geduldig sind, werden Sie einige Aha-Erlebnisse haben.

Diese Folge von Melodien übersetzen wir nun in einige Elefanten-Zirkusnummern. Die Bewegungsabläufe werden aufbauend geübt, natürlich nicht alle an einem Kindergartentag.

● Die Kinder werden aufgefordert, sich wie Elefanten im Raum zu bewegen. Um Elefanten ähnlich zu sehen und um das menschliche Bewegungstempo auf Elefantentempo zu drosseln, empfiehlt sich folgende lustige Figur: Man greift mit *einer* Hand an die eigene Nase. Dann wird der freie Arm zwischen dem Körper und dem anderen Arm hindurchgestreckt: Er pendelt als „Rüssel" hin und her, wenn man ein wenig gebückt geht. Man verlagert das Körpergewicht langsam von einem Bein auf das andere. Haben sich die Kinder an dieser lustigen Figur satt gespielt, erklingt die Musik. Jetzt muß das *Tempo* der Bewegungen – welches bisher individuell sein konnte – von allen der Musik angepaßt werden. Am nächsten Tag lenkt man die Aufmerksamkeit auf die verschiedenen Melodien. Die beste Methode ist, sich bei Erklingen der Melodien A, A' und A'' = also am Anfang und Ende des Stückes (siehe Hörleiste) – wie bekannt zu bewegen und bei allen anderen Musikteilen zu sitzen.

●● Unter Einbeziehung der gewonnenen Bewegungsabläufe gestalten nun sieben „Elefanten" eine einfache Zirkusnummer. In der Raummitte („Manege") stehen drei Stühle. Die „Elefanten" warten hinter einer Linie („Zirkusvorhang") auf ihren Auftritt; die „Rüssel" hängen hinunter. Das Klavier-Vorspiel erklingt, d. h. „der Vorhang geht auf". Zu den Melodien A und A' tanzen die „Elefanten" in den Raum. Jetzt steigen – während B und B' zu hören ist – drei „Elefanten" auf die Podeste (= Stühle), die übrigen vier heben ihre „Rüssel" hoch, als ob sie trompeten. Bei Teil C stampfen die vier zum Rhythmus (siehe Hörleiste) schwerfällig mit den Füßen. Die Überleitung D ist geeignet, daß die drei „Elefanten" von den Podesten hin-

Hörleiste zu Camille Saint-Saëns: Elefant

Länge in Takten		Klang-ab-schnitt
4	Klavier	Vor-spiel
8	Kontrabaß spielt Melodie A	A
8	Kontrabaß spielt Melodie A verändert	A'
4	Kontrabaß spielt Melodie B	B
4	Kontrabaß spielt Melodie B eine Stufe höher	B'
4	Kontrabaß und Klavier	C
4	Überleitung	D
8	Kontrabaß spielt Melodie A, Klavier umspielt	A
8	Kontrabaß spielt Melodie A verändert. Beide Instrumente bilden den Schluß	A''

absteigen. Zu den Melodien A und A'' tanzen alle hinter den „Vorhang" zurück, wie sie vorher in die „Manege" hineingetanzt waren. – Wiederholung mit anderen „Elefanten".

●●● Wahrscheinlich haben die Kinder jetzt Lust zu einer schwierigeren Nummer bekommen. Alle „Elefanten" sitzen in einer runden „Manege" auf Stühlen im Kreis, zwischen denen viel Platz ist. Beim Klavier-Vorspiel ist keine Bewegung; die „Rüssel" hängen bewegungslos herunter. Zu A und A' erhebt sich jeder schwerfällig und geht im Elefantenschritt um den eigenen Stuhl langsam herum, indem er je ein Bein aufhebt und in der Luft schlenkert. Bei B und B' geht er – immer im Elefantenschritt mit „Rüsselgriff" – eine verabredete Anzahl von Stühlen weiter und läßt sich bei C auf dem neuen Stuhl nieder. Bei C und D bleibt Gelegenheit, mit Armen und Beinen putzig in der Luft zu strampeln, bevor zu A und A'' wie am Anfang getanzt wird. Am Schluß der Musik sitzen alle still. – Die Bewegung zu B und B' läßt sich variieren, indem die jeweiligen Diagonalpartner ihre Plätze tauschen. Dazu ist eine gerade Zahl von „Elefanten" erforderlich.

Das musikpädagogische Ziel ist voll erreicht, wenn die Kinder – ohne Zwischenruf des Erziehers! – immer dann, wenn ein neuer Musikteil zu hören ist, die verabredeten Bewegungen machen bzw. auf den Stuhl steigen oder die Plätze wechseln. Daß sie es parallel zur gehörten Musik und an den passenden Stellen tun, ist ein Beleg für bewußtes Hören.

Ohne ein Wort zu sprechen, kann man an den Körperbewegungen die Struktur der Musik erkennen. Das ist eine dem Kindergarten angemessene Methode des Musikhörens.

5.2. Camille Saint-Saëns: Aquarium *

Dieses Stück ist die Nummer 7 im „Karneval der Tiere", von dem schon unter 5.1 die Rede war. Es ist aus mehreren Gründen musikalisch interessant. Einmal „malt" es die beschwingten Bewegungen nach, die man in einem Aquarium beobachten kann. Sodann hat man den Eindruck einer „perlenden", „glitzernden", „wasserklaren" Musik. Das liegt vor allem an der Wahl der Instrumente. Der Komponist verwendet Querflöte und Violine und als besondere Färbung die Celesta; das Instrument wird wie ein Klavier gespielt, klingt

---

* EMI1 C 063-14148, EMI Electrola, Köln.

jedoch wie ein Glockenspiel. Dazu spielen zwei Klaviere zumeist in den hohen Lagen. Diese als leicht, durchsichtig empfundenen Klangfarben bedingen den Eindruck bewegten, silbrigen Wassers.

Auch hier sollten Sie zunächst die Musik für sich selbst genüßlich hören. Sie werden einen ersten Klangabschnitt (A) erkennen, bei dem Flöte, Violine und Celesta ein Motiv mehrmals wiederholen. Sie können es mitsummen:

39

Man kann sich zum Abschnitt (A) vorstellen, wie Fische elegant die bunten Schwänze hin und her schwingen. Versuchen Sie, dieses mit der Hand nachzuzeichnen. Es entstehen Wellenlinien. Der folgende Klangabschnitt B ist nur halb so lang wie der vorhergehende. Hier kann man in den tieferen Instrumenten – Celli, Bratschen – eine Liegestimme erkennen, einen lang angehaltenen Ton. Darüber „perlen" die Klaviere, indem sie gebrochene Dreiklänge spielen. Man hat den Eindruck: Im Aquarium steigen Wasserblasen auf und ab.

    Verfolgen Sie den Wechsel der Klangabschnitte an der Hörleiste (Seite 150). (Zum Gebrauch der Hörleiste siehe unter 5.1.) Im Schlußteil des Musikstückes treten Klaviere und Celesta hervor. Es entsteht der Eindruck, als ob der Schluß dem Teil B, also dem Auf- und Absteigen von Wasserblasen, ähnlich sei.

Was fängt man mit diesem Musikstück im Kindergarten an?

● Eine wichtige Voraussetzung zu seinem Verstehen ist die Beobachtung dessen, was in einem Aquarium vor sich geht. Wenn die Kinder bei der Reinigung Ihres Aquariums helfen, werden sie von der Bedeutung der Sauerstoffzufuhr erfahren, die aufsteigenden Bläschen beobachten. Eine andere Bewegung ist die der Fische.

„Macht beide Bewegungen mit den Händen nach!" Hände und Arme zeigen *horizontale* Bewegungen

und *vertikale* Bewegungen,
bei denen zusätzlich die Finger
die Unruhe der Bläschen anzeigen.

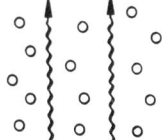

Hörleiste zu Camille Saint-Saëns: Aquarium

Länge in Takten		Klang-ab-schnitt
8	Flöte, Violine, Celesta Spielen „Fischmotiv" mehrmals	A
4	Liegestimme Cello, Klaviere „perlen"	B
8	Flöte, Violine, Celesta wie vorher	A
4	Klaviere wie vorher	B
4	Flöte, Violine, Celesta wie vorher	A
3 + 3 + 2 + 3	Klaviere, Celesta „perlen"; jedoch auch Erinnerungen an A	C

Die beiden Bewegungen können auch in Zeichnungen übertragen
werden. Wir stellen mit den Kindern zwei Karten her, etwa in der
Größe 20 mal 15 Zentimeter. Die eine Karte zeigt bunte Fische in
horizontaler Schwimmbewegung, die andere Bläschen (zwischen
grünen Pflanzen), die aufwärts steigen. Später werden die Karten
beim Musikhören verwendet.

●● Das Musikstück wird unter Angabe des Titels gehört. „Warum
hat der Komponist (das ist der, dem die Musik eingefallen ist) das
Stück wohl Aquarium genannt?" Wir haben häufig dieselbe Antwort
gehört: Die Musik ist wie Wellen. Die Kinder werden aufgefordert,
entsprechende Hand-, Arm- und Fingerbewegungen parallel zur erklingenden Musik zu machen. Das ist nicht mehr schwer, da die beiden Bewegungsrichtungen schon vorher geübt wurden. Natürlich
beobachten und verbessern wir uns gegenseitig. Bald entsteht
eine Abfolge von horizontalen und vertikalen Bewegungen mit den
Armen in Entsprechung zu den Musikabschnitten, wie sie in der
Hörleiste gelesen werden können. Ihr Wechsel erfolgt exakt beim
Wechsel der Klangabschnitte.

●●● Während bisher die Hör-Reaktionen des einzelnen Kindes
stark in die der Gruppe eingebunden sind (wobei auch abgeguckt
werden kann), soll jetzt die individuelle Reaktion stärker beobachtet werden. Dazu helfen uns die angefertigten Karten. Die Kinder
sitzen am Boden oder hinter Tischen. Vor jedem Kind liegt eine
„Fischkarte" und eine „Bläschenkarte". Die Musik erklingt. Jeder
wählt die zum Klangabschnitt passende Karte und hebt sie hoch.
Beim Wechsel der Klangabschnitte müssen selbstverständlich
auch die Karten gewechselt werden. Auf diese Weise ist erkennbar,
ob das Kind die Musikabschnitte hörend unterscheiden kann. Nach
unserer Erfahrung gelingt das den meisten Kindern ohne Schwierigkeiten, wenn man vorher unter Anwendung der Körperbewegungen konzentriert gehört hat.

Auch bei diesem Musikstück wird durch Körperbewegungen und
(zusätzlich) durch Zeigen von Karten parallel zur gehörten Musik
erreicht, daß Kinder ihre Höreindrücke ohne Gebrauch von Sprache
genau wiedergeben können. Selbstverständlich werden nicht musikalische Einzelheiten hervorgehoben, es sei denn, Kinder bringen
sie ins Gespräch. Das Musikhören ist auf dieser Stufe ein ganzheit-
liches, das sich an herausragenden musikalischen Vorgängen orientiert, wie z. B. an Melodien oder Klangabschnitten oder am Takt
und Rhythmus. Das bewußte Hören einzelner Faktoren innerhalb
eines komplexen Musikstückes wird (hoffentlich!) in der Schule geschehen. Aufgabe des Kindergartens ist die aufbauende Förderung
des Musikhörens in Spielformen, die das Ohrenmerk auf solche
musikalischen Vorgänge richtet, die vor allem „ins Ohr fallen", ohne
alle musikalischen Faktoren vollständig aufweisen zu wollen. Der
Erfolg der Hörerziehung mißt sich nicht zuerst an der Menge der erkannten musikalischen Einzelheiten, sondern an dem Grad der
Konzentration beim Musikhören.

6. Musikdidaktischer Kommentar

1. Hörerziehung ist keine Methode, kein gelegentlich einzubauendes Planungselement, sondern ein *Prinzip* der Kindergartenpädagogik. Prinzipien sind Verhaltensweisen des Erziehers, die seine pädagogische Tätigkeit durchgehend bestimmen.
2. Weil Hörerziehung ein Prinzip ist, läßt sie sich mit vielen Inhalten (Themen) verbinden und bei zahlreichen Gelegenheiten praktizieren. Es ist darum selbstverständlich, daß gezielte Übungen zum Hören auch zu den anderen musikdidaktischen Inhaltsfeldern gehören.
3. Der Gesichtspunkt der bewußten Ausrichtung des Gehörs auf bestimmte Klangquellen wird auch bei der Vermittlung von *Liedern* berücksichtigt, was wiederum zur Verlebendigung und Vertiefung der Liedgestaltung beiträgt. Das verdeutlichen die Hörübungen bei den Liedern

   - Was haben die Mäuse mit der Uhr gemacht = Horchen – Unterscheiden – Nachahmen von Uhrengeräuschen (Seite 21 ff.);
   - Onkel Jörg hat einen Bauernhof = Hören von Tierstimmen (Seite 36 ff.);
   - Der Schaffner hebt den Stab = Geräusche auf dem Bahnhof (Seite 68 ff.);
   - Komm, mein Pferdchen = Hörendes Unterscheiden von Klangfarben (Seite 84 ff.).

4. Das Gleiche gilt für die Erziehung zum genauen Hören im Zusammenhang mit *Klanggeschichten.* Schauen Sie z. B. nach bei der Klanggeschichte vom vergeßlichen Klaus (Seite 110 ff.), in deren Zusammenhang das hörende Unterscheiden von hohen und tiefen Tönen gefördert werden soll.
5. Das Hören von Musikwerken wiederum bedient sich im Kindergarten u. a. einiger Methoden der *rhythmisch-musikalischen Erziehung.* Die beiden Musikstücke von C. Saint-Saëns wurden vor allem mit Hilfe der Körperbewegung erschlossen. Dieses ist das zentrale Mittel der Musikerziehung durch Bewegung (siehe Kapitel 3). Bei Kindertänzen wird das Gehör in ähnlicher Weise auf Musikabschnitte gerichtet, wie wir es zum Verstehen der Musikwerke für notwendig erkannten.

6. Es ist nicht nur aus theoretischen Gründen hilfreich, zwischen auditiver Wahrnehmungserziehung und musikalischer Hörerziehung zu unterscheiden. Zwar ergänzen sie sich; zugleich ist aber ein qualitativer Unterschied zu beachten. Im Sinne der auditiven Wahrnehmungserziehung wollen wir die Kinder befähigen, das Gehör bewußt und genau auf einen Klang bzw. eine Klangquelle auszurichten und das Gehörte von anderen „Klangereignissen" zu unterscheiden. Im Musikdidaktischen Kommentar auf Seite 28 f. wurde schon darauf hingewiesen, daß früher die Kindergartenpädagogik solche Übungen „Sinnesschulung" nannte. Es geht aber nicht nur um die *Übung des äußeren Ohrs,* sondern um die *innere* Wahrnehmung alles dessen, was durch das Einfallstor Ohr auditiv (= hörend) in den lauschenden Menschen hineinkommt. Auditive Wahrnehmungserziehung bezieht sich also auf Geräusche, Klänge, Sprache und Töne. Deshalb ist sie mehr als Sinnesschulung, weil es um Wahrnehmung und Verstehen geht. – Die musikalische Hörerziehung will befähigen, *Zusammenhänge* zu erkennen und zu verstehen. Sie ist darum nicht auf akustische Einzelereignisse, sondern auf deren Bezug zueinander gerichtet. Deshalb werden bei den Übungen unter 3 (Seite 139 ff.) Töne ihrer Qualität nach miteinander verglichen und unter 5 (Seite 143 ff.) Melodien voneinander unterschieden.

7. Die Gliederung nach Inhaltsbereichen, welche die Überschriften der vier Kapitel andeuten, darf nicht zu der falschen Annahme führen, sie stünden in der Praxis getrennt nebeneinander. Vielmehr durchdringen und ergänzen sie sich gegenseitig. Wenn wir unterstellen, daß sowohl beim Liedsingen als auch beim Instrumentalspiel, sowohl bei der rhythmisch-musikalischen Erziehung als auch bei Spielen zur musikalischen Unterscheidungsfähigkeit zum Hören erzogen wird, so dürfen wir fordern, daß Hörerziehung in irgendeiner Weise *an jedem Kindergartentag* geschehen sollte.

Nachwort

Vier Umgangsweisen mit Musik sind für die Kindergarten-pädagogik bestimmend:

● der Gebrauch und die Pflege der *Stimme,* vornehmlich – aber nicht nur – beim Liedsingen;
● das Gestalten von Klängen mit einfachen *Instrumenten;*
● *Körperbewegungen* nach und mit Musik;
● das unterscheidende *Hören* von Geräuschen und Klängen in der Umwelt des Kindes und das bewußte Hören von kindgemäßen Musikstücken.

Noch einmal sei hervorgehoben, daß sich diese Umgangs-weisen in der alltäglichen Praxis ergänzen und durchdringen.

Nicht alle Gesichtspunkte der Musikerziehung im Kinder-garten konnten in dem begrenzten Umfang dieses Buches be-schrieben werden. Unberücksichtigt blieben folgende The-men:

– das religiöse Lied im Kindergarten;
– Lieder und kindgemäßes Brauchtum;
– Tänze für Kinder;
– „Kulturinstrumente" im Kindergarten / Musikerbesuche / Konzerte für Kinder;
– Musik in der Familie / Musik ringsum;
– Kindergarten und Musikschule;
– musikpädagogische Zusammenarbeit von Kindergarten und Grundschule.

Der Verfasser hofft, sich später dazu äußern zu können.

Quellen

Kap. 1. Lieder im Kindergarten

S. 14: „Sieben kleine Bären". Text: Josef Guggenmos * Melodie: Heinz Lemmermann. Aus: DIE ZUGABE, Band 3, Fidula-Verlag Boppard/Rhein und Salzburg.

S. 21: „Was haben die Mäuse mit der Uhr gemacht?". Mündlich überliefert, Fassung: Dorothea Brosch. Aus: DAS ZWEITE LIEDERNEST, Fidula-Verlag Boppard/Rhein und Salzburg.

S. 31: „Gestern an der Haltestelle" (Tarantella). Text: Ortfried Pörsel * Melodie: Heinz Lemmermann. Aus: DIE ZUGABE, Band 3, Fidula-Verlag Boppard/Rhein und Salzburg.

S. 40: „Onkel Jörg hat einen Bauernhof". Worte und Melodie aus England. Fassung: Hermann Große-Jäger. Verlag Herder, Freiburg.

S. 45: „Katzentatzentanz". Text und Melodie: Fredrik Vahle. Aus dem gleichnamigen Bilderbuch von Fredrik Vahle, mit Bildern von Helme Heine. © Copyright 1980 Gertraud Middelhauve Verlag, München.

S. 50: „Zwölf Fenster hat mein Häuschen". Text: Lieselotte Holzmeister * Melodie: Hans Poser. Aus: DAS LIEDERNEST, Band 1, Fidula-Verlag Boppard/Rhein und Salzburg.

S. 57: „In Holland, wo die Mühlen stehn" (Kater Jan). Text: James Krüss * Melodie: Horst Weber. Aus: DIE ZUGABE, Band 1 (Text) und Aktive Musik Verlagsgesellschaft mbH, Dortmund (Musik), Fidula-Verlag Boppard/Rhein und Salzburg.

S. 63: „Der Müller hat eine Mühlenhaus". Text nach Paula Dehmel * Melodie: Adolf Lohmann. Aus: DIE LIEDERGARBE, Christophorus-Verlag, Freiburg.

S. 70: „Der Schaffner hebt den Stab". Text und Melodie: Wilhelm Bender. © by VERLAG FÜR DEUTSCHE MUSIK ROBERT RÜHLE KG, München.

S. 75: „Kommet all und seht" (Unser Schneemann). Text und Melodie: Hans Poser. Von der Fidula-Cassette 27. DER FRÖHLICHE KINDERKALENDER, Fidula-Verlag Boppard/Rhein und Salzburg.

S. 80: „Schornsteinfeger, schwarzer Mann". Text: Dorothea Neckel * Melodie: Horst Weber. Aus: MIESEMAUSEKÄTZCHEN, Fidula-Verlag Boppard/Rhein und Salzburg.

S. 84: „Komm, mein Pferdchen". Text: Ortfried Pörsel *Melodie aus Jugoslawien. Aus: DIE ZUGABE, Band 3, Fidula-Verlag Boppard/Rhein und Salzburg.

Kap. 2. Klangerzeugung und Klanggestaltung durch Instrumente

S. 112: Josef Guggenmos, „Verblühter Löwenzahn". Aus: Josef Guggenmos, Ich will dir was verraten, Beltz Verlag, Weinheim und Basel 1992; Programm Beltz & Gelberg, Weinheim.

Kap. 3. Musikerziehung durch Bewegung

S. 120: „Es tanzt ein Bi-Ba-Butzemann". Fassung: Hermann Große-Jäger. Verlag Herder, Freiburg.

S. 123: „Es tanzt ein Bi-Ba-Butzemann". Tanzform von Almuth Granas nach dem Musikstück „Kindergarten-Mixer" von der Schallplatte FidulaFON 1196 bzw. Fidula-Cassette 2, Fidula-Verlag Boppard/Rhein und Salzburg.

S. 127: „Tiggititagg, der Tausendfüßler". Text und Melodie: Gerda Bächli. Aus: Gerda Bächli, 2 × 11 Lieder für Vorschulkinder, Heimkinder, behinderte Kinder, Beiheft 2 zu „Mein Erlebnis Musik", Werkreihe zur Musikerziehung, Pelikan Edition 986, Hug & Co., Musikverlage, Zürich.

S. 130: „Eins, zwei, drei, wir tanzen jetzt". * Melodie: Elisabeth Seippel. Verlag Herder, Freiburg.

S. 131: „Rummelbummel". Text und Melodie: Thilde Lorenz. Von der Fidula-Cassette 15 „Tänze für Kinder/Spiellieder", Fidula-Verlag Boppard/Rhein und Salzburg.

Kap. 4. Hörerziehung im Kindergarten

S. 144/148: Camille Saint-Saëns: „Karneval der Tiere". Nr. 5:
Elefant, und Nr. 7: Aquarium. Aus: Schallplatte
EMI 1 C 063–14 148, EMI ELECTROLA GmbH,
Köln.

Praxisbuch Kindergarten

Für Ausbildung und Beruf

Kreativität im Kindergarten

Heike Baum
Kleider, Masken, Rollenspiel
Darstellende Spiele für den Kindergarten
ISBN 3-451-22812-2

Hilde Kappesz
Kreatives Leben mit Kindern
Der situationsorientierte Ansatz im Kindergartenalltag
ISBN 3-451-23357-8

Sylvia Näger
Kreative Medienerziehung im Kindergarten
Ideen – Vorschläge – Beispiele
ISBN 3-451-22548

Hildegard Schaufelberger
Märchenkunde für Erzieher
Grundwissen für den Umgang mit Märchen
3-451-20130-5

Helga Hoff
Märchen erzählen und Märchen spielen
Mehr Lebensfreude für Kinder und Erzieher
ISBN 3-451-21361-3

Ingeborg Becker-Textor
Kreativität im Kindergarten
Anleitung zur kindgemäßen Intelligenz-
förderung im Kindergarten
ISBN 3-451-21197-1

In Ihrer Buchhandlung erhältlich

Die Tonkassette zum Buch

Hermann Große-Jäger

Freude an Musik gewinnen

Erprobte Wege der Musikerziehung im Kindergarten

Tonkassette
Bestell-Nr. 20024, DM 19,80
(unverbindliche Preisempfeh-
lung)

Auf dieser Kassette sind alle
Musikbeispiele, die im vorlie-
genden Buch beschrieben und
in Noten wiedergegeben sind,
aufgezeichnet.

Die ideale Ergänzung zum
Text, anregend, zweckmäßig,
eine Hilfe für die leichte Umsetzung in die Praxis!

Alle Lieder,
Kindertänze und
Musikstücke zum Buch

Hermann Große-Jäger
Freude
an Musik gewinnen
Erprobte Wege der
Musikerziehung im Kindergarten
Herder

Erhältlich im Buchhandel und mit diesem Bestell-Coupon.

Herder

✂ ---

Coupon

An
Verlag Herder, Abt. 268
Postfach, 79080 Freiburg

Ich bestelle _____ Exemplar(e) Große-Jäger, Freude an Musik gewinnen. Tonkassette, Best.-Nr. 20024, DM 19,80 (unverbindliche Preis-
empfehlung).

_____

Lieferung zu Händen von

_____

Kindergarten

_____

Straße

_____

PLZ, Ort

_____

Datum, Unterschrift